Hans Wolfgang Wolff

Esse in Hesse

Rezepte „uff Frankforderisch“

mit Zeichnungen von Ludwig Nardelli

SOCIETÄTS VERLAG

Für die Nutzngsrechte der Fotos danken wir den jeweiligen Gastronomen.

Satz: Nicole Ehrlich, Societäts-Verlag
Umschlaggestaltung: Nicole Ehrlich, Societäts-Verlag
Umschlagabbildung: © mythja - Fotolia.com
Stempel: © guukaa - Fotolia.com
Druck und Verarbeitung: CPI – Ebner & Spiegel, Ulm
Printed in Germany 2014

ISBN 978-3-95542-074-1

Inhaltsverzeichnis

Vorwort 8

Handkässalat mit Äbbelweibrot 10
Micha's Hardcore-Leberkäs 13
Hannebambel 15
Handkästerrine 18

Hessisch fer die Kisch un de Disch 22

Gebackenes Tatar „Spezial" 27
Kalbsricke mit Frankforder Grie Soß 30
Ebbes Defdisches: Gebradene Bluudworscht 33
Odewälder Schnegge-Gemiesragout 36

Die Äbbel un ihrn Wei 40

Labanjer 46
Frankforder Werschdscher mit Kadoffelsalat 50
Beulches 52
Lammlachse mit Rosmarinkadöffelscher
un Griene Bohne 56
Äbbelwei-Schnitzel 62
Frankforder Krüstscheschnitzel 66

Als de Schmalhans Kischemeister war 69

Noch e bissi Kischehessisch 72

Was issen des in dere Schissel? 75

Frankforder Grie Soß 76

Veschetarier-Arie 78

Esse in Hesse – Ein Quiz 80

Hessischer Zander mit Sauerkraut un Kadoffelschdamf 90
Anna Margaretha Justina Lindheimer-Frikadellen 94

Aus de Oma ihrm Kochbuch 98

Curryworscht un Pommes 104
Kadoffelsupp 106
Himmel un Erd 109
Limburger Säcker 112
Odenwälder Äbbelwei-Hinkelsche 115
Ribbscher mit Kraut 118
Kirschemischel 121
Lemp's Hessische Abbeltraum 124
Hausgemachde Schoggopudding 127
Frankforder Kranz 129
Frankforder Bethmännscher 133

Krebbelverkäufer unner sisch 136

Krebbel zu Fassenacht 138
Ebbes Hochbrozzendisches fer Dibbegugger 140

Der Autor 144

Vorwort

„Esse in Hesse" is e Kochbischelsche wie kaa anneres. Es kitzelt Ihne Ihrn Gaume un gleischzeidisch Ihr Lachmusgele. Hier werd Hessisch gefuddert un Hessisch gebabbelt. In de Kisch dambfts un bruzzelts, un in die Nas schdeischt eim de Duft von gebradene Bluudworscht, Ribbscher mit Kraut, Zanderfilet, Frankforder Werschdscher, Beulsches, Äbbelweihinkelscher, Kirschemischel, Krebbel, Bethmännscher un Frankforder Kranz.

Eigeplackte werd verklickert, was die Hesse maane mit Breedscher, Flaaschbrie, gääle Riewe, Gorge, Klees, Pellmänner, Subbegrien un annere Fressalje. Wissenslügge wern geschlosse: Was hat Kall de Große mit Äbbelwei zu duh gehabt? Warum war des Stöffche jahrelang in Frankfort verbode? Wie komme Himmel un Ääd in de Kisch zusamme?

Noch aans. „Esse in Hesse" hätt nie des Lischt der Bischerwelt erblickt ohne die angaschierde Mitawweit von meiner liewe Fraa. Die hat nämlisch mei Kraut-un-Riewe-Geschribbsel am Kommbjuder in lesbare Brosa un Boesie verwannelt. Aach mei zisch Fehler hat se mer sanft un liewevoll um die Ohrn gehaache. Häzzlischen Dank!

Des Bischelsche wär aach schonn im Aalaaf schdegge gebliwwe, wenn da net de Herr Anton Le Goff gewese wär. Den kenne Sie sischer von de Kabarettbühn un vom Griene Soße Festival her. De Anton hat bei dene Festivals hunnerde von Köch kenne gelernt un in hunnerde von Kochdibbe eneigeguggt. Ohne den wär isch im Lewe net an all die wunnerscheene Rezepte draagekomme. Häzzlischen Dank!

Aller guden Dinge sinn drei. Desweesche zum Schluss Hut ab vor de Meisderinne un Meisder mit de Kochmütz, die so großmiedisch ihr schene Rezepte rausgeriggt hawwe. Häzzlischen Dank!

Im Iwwrische deht isch misch riesisch freue, wenn Sie, liewe Leserinne un Leser, ausem Schmunzele gaanet rauskomme dehde un wenn Ihne alle Nas lang es Wasser im Schnawwel zusammelaafe deht.

In diesem Sinne scheene Grieß
von Ihne Ihrm

Hans Wolfgang Wolff

Handkässalat mit Äbbelweibrot

nach em Rezept vom Ebbelwoiwert Robbert von de Frankforder Gastwerdschaft „Zur Buchscheer“

Was jetz beschriwwe werd is fer vier Leut gedacht:

4 dorschene[1] Handkäs (62,5 Gramm) schneid mer in Schdreifscher

1 große Abbel, beischbielsweis en Boskop, duht mer entkerne, awwer net schäle, schnibbelt en in Schdreifscher un duht die dann halbiern[2]

½ Metzgerzwiwwel[3] schneid mer in klaane Wörfel.

Fer die Musik[4] nimmt mer Äbbelweiessisch un
1 klaane rote Zwiwwel, in Ringscher geschnidde.

Die Zudade, außer dere Zwiwwel, wern schee vorsischdisch vermischt un die Zwiwwelringscher uff de Salat owwedruff geleescht[5].

[1] En Handkäs is „dorsch“, wenner orndlisch gereift is.

[2] Weesche dene Riesige un Newewirgunge beim Schnibbele sollt mer vorsischdshalwer e bissi Hansaplast parat halde.

[3] E Metzgerzwiwwel is nix weider als wie e gewehnlisch Gemieszwiwwel.

[4] Bei de Hesse is die „Musik“ des, wodrin de Käs schwimme duht, normalerweis Essisch, Eel, Zwiwwele un e bissi Kimmel.

[5] Hier is Ihne Ihrn Scheenheidssinn gefraacht: Sie wisse ja, die Aache esse aach mit!

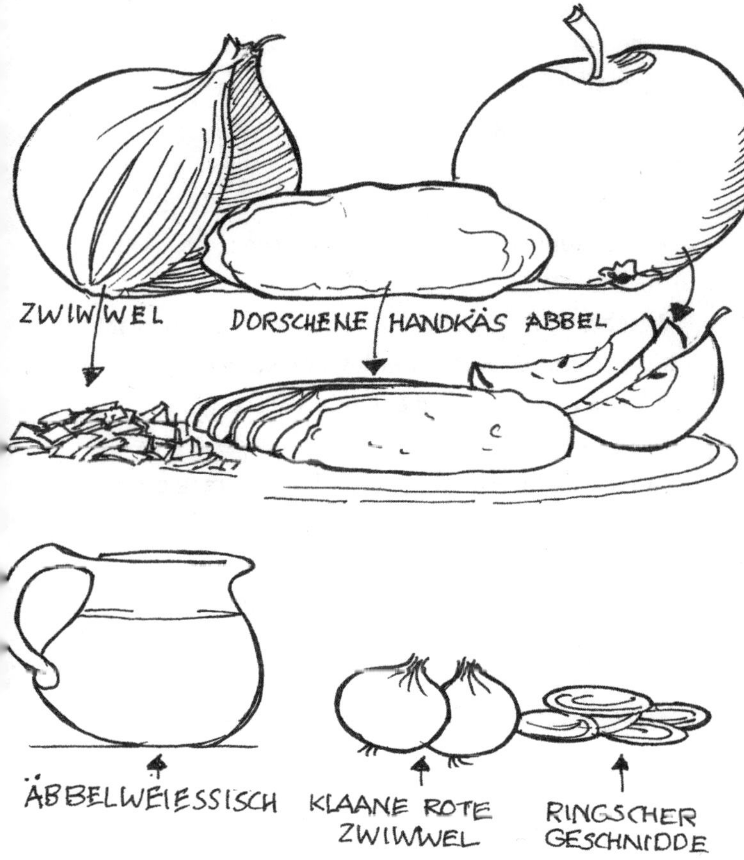
ZWIWWEL
DORSCHENE HANDKÄS
ABBEL
ÄBBELWEIESSISCH
KLAANE ROTE ZWIWWEL
RINGSCHER GESCHNIDDE

Dadezu gibt's Äbbelweibrot aus

500 Gramm Mehl (Sorte 405), wahlweis dunkel Vollkornmehl

1 Päggsche Trockehef

350 Millilidder lauwaame Äbbelwei, mööschlischst de selbstgekelderde von de Buchscheer

1 Teeleffel Salz

½ Teeleffel Zugger

So, des duht mer alles schee vermische.

Uffgebasst! Der Teisch derf net zu klebrisch un aach net zu flüssisch wern. Mer lässt en dann e dreiverdel Schdund in erer zugedeggte Schissel gehe.

Dadenach kneded mer de Teisch noch emaa orndlisch dorsch un duht en in e Kasdeform.

Gebagge werd er zägga 55 Minude lang im vorgeheizde Backofe bei 200° C (Umluft).

Des noch heiße fäddische Brot duht mer mit Äbbelwei beschdreische.

Sie, so en Handkässalat gedenkt eim ewisch!

Micha's Hardcore-Leberkäs

nach em Rezept von Micha Bartels, „Micha's Essen und Trinken", Frankfurt am Main

Em Micha sei Hardcorekunstschdiggsche is nix Aarischisches wie die Hardcorepornos. Ganz im Geeschedeil, em Micha sein Hardcore riiiiescht u-n-g-l-a-u-b-l-i-s-c-h gut.

Was brauche mer?

4 Scheibe feine Lewwerkäs, genau so hoch geschnidde wie de Handkäs
4 feste klaane Handkäs
e bissi Flanzeeel

Un so geht's:

Die 4 Scheibe Lewwerkäs leescht mer uff e Awweidsplatt. Die klaane Handkäs leescht mer in die Mitt von jeder Scheib un schdischt mit erem schbitze Messer um die Käs erum e Loch aus. E Loch, in des de Käs genau eneibasst. Jetz duht mer die Lewwer-Handkässcheibe mit e ganz klaa bissi Flanzeeel in erer Teflonpann aabrade – bloß net zu heiß – bis uff de Unnderseide e fei Krust endschdanne is. Mit em große Pannewender drehe mer die Scheibe vorsischdisch um un brade se uff de annern Seit. Hierdorsch bild sisch uff dem Lewwerkäs e wunnerbar knusbrisch Käskrüstsche, zartbraun gefäbbt, aus dem en Duft uffschdeischt, bei dem Ihne es Wasser im Schnawwel zusammeleeft, garrandiert.

Dadezu basst gut en selbstgemachde Kadoffelsalat.

Hannebambel

nach em Rezept von Wilhelm Arnold, Gasthof Hainmühle, Homberger Mühltal

Es hannebambelt, Enschuldischung! Es hannelt sisch beim Hannebambel um e Vorschbeis.

Zudade

Fer de Handkäs:

4 Röllscher Handkäs

Mehl

Ei

Panniermehl

Fer de Kräuderschmand:

400 Gramm Schmand

Dill

Pedersillje

Schniddlauch

Salz

Peffer

Zugger

Fer die Rösti:

4 digge Kadoffele

Salz un Muskat

Zubereidung

De Handkäs erst in Mehl un dann zwaamaa in Ei un Panniermehl wende. Gut zupanniern! Dann in Eel bagge.

De Schmand mit de Kräuder vermenge un wörze.

Die Kadoffele schäle, uff erer Rohkostreibe reibe, in em Tuch die Schdärk rausdrigge, dann wörze.

4 Röstis forme un in erer Pann mit Eel schee langsam goldbraun bagge.

De Röstitaler uff em Deller aarischde, de gebaggene Handkäs druffleesche un mit Kräuderschmand iwwerziehe. Fäddisch.

Nachwort

En Hannebambel is bekanndlisch en gudmiedische Troddel, aaner wo indelleggduell e bissi zu korz gekomme is.

Unner meine Leserinne sinn sischer einische wenische, die sisch gern als emaa kriddisch iwwer die Männer äusern wolle. Dene gebb isch hier noch e par eischlääschische Ausdrick an die Hand:

Aale Babbeldibbe, Aamleuschder, Babbsäck, Bleedmänner, Deesköbb, Dormel, Giftniggel, Hutsimbel, Jammerlabbe, Klowe, Olwel, Quadradsimbel, Sesselforzer, Volleule.

Mir Männer äusern uns ja nur in sehr seldene Fäll kriddisch iwwer Fraue. Mer muss da schonn lang suche un sehr genau hiehörn, bis mer da in ganz vereinzelde Fäll uff Wörder wie die folschende schdeeßt:

Aal Scheggel, dumm Kuh, Kladschdande, Kwasselschdribb, Kratzberscht, Knodderbix, Krawallschachdel, Babbelschnud, Zimberliesje.

"Zum Gerippte"
Zum Gerippte"

Handkästerrine

nach em Rezept von Hr. Neidhardt aus Neidhardts Küche, Straußwirtschaft „Zum Gerippte“, Ockstadt

Was mer braucht:
500 Gramm Handkäs, in 2 cm große Wörfel geschnidde
250 Gramm Schmand
250 Gramm Quaak
e bissi Salz un Peffer
1 Subbeleffel Abbelessisch
1 Teeleffel Zugger
4 Radiesjer, in klaane Wörfel geschnidde
¼ Bund Bladdpedersillje

Zubereidung
So, was mache mer jetz? Erst emaa schbüle mer e Form fer zägga aan Lidder Inhalt mit kalt Wasser aus. Die leesche mer mit Frischhaldefolie aus.

Die Bladdpedersillje schneide mer in Schdreifscher un verriehrn se kräffdisch in dem Schmand un dem Quaak.

Jetz weische mer Gelatine, genuch fer aan Lidder, zeh Minude lang in kalt Wasser ei. Des Wasser schidde mer dann weg.

Die Gelatine erwääme mer vorsischdisch, bisse geschmolze is. Dann riehrn mer zwaa große Leffel Quaak un Schmand in die Gelatine enei un duhn des Ganze in die Quaak-Schmandcrem eiarbeide.

Dadezu komme jetz die Handkäswörfel. Dann pagge mer alles sofort in die Form enei un degge mit Frischhaldefolie ab.

Den ganze Kladderadatsch lasse mer minsdens zwaa Schdunde lang im Kiehlschrank auskiehle.

Des is awwer net alles. Jetz kimmt nemlisch noch **die Vinaigrette** – die hats in sisch.

250 Millilidder kalte Brieh
1 Teelellel Senf
25 Millilidder Rapseel, kalt gepresst
1 Subbeleffel Zidronesaft
1 Teeleffel Salz
e bissi Zugger

Des Ganze duhn mer middem Handmixer uff-schlaache.

Dadezu kimmt zum Schluss:

en halbe Abbel, gewörfelt
e halb Zwiwwel, gewörfelt
2 Schlotte, gewörfelt
4 Radiesjer, gewörfelt

Kaum zu glaube, was aus em eifache Handkäs alles wern kann, maane Sie net aach?

Hessisch fer die Kisch un de Disch

(Mir schreibe die Wörder meeschlischst so, wie se in Frankfort von eschde Frankforder ausgeschbroche wern)

Von Äbbel bis Zwiwwele

Abbel	Apfel
Äbbel	Äpfel
Äbbelwei	Apfelwein
Abbelsine	Apfelsine
Bern	Birne
Berne	Birnen
Bizzelwasser	Mineralwasser
Bluudworscht	Blutwurst
Blummekohl	Blumenkohl
Braade	Braten
Breedscher	Brötchen
Budder	Butter
Eel	Öl
Essisch	Essig
Firsisch	Pfirsich
Flaasch	Fleisch
Flaaschbrie	Fleischbrühe

Flaaschworscht	Fleischwurst
Friggadelle	Frikadellen
Gääle Riewe	Gelbe Rüben
Geflüüschel	Geflügel
Gemies	Gemüse

Gorge	Gurken
Gewörzgorge	Gewürzgurken
Grie Soß	Grüne Soße
Haggbraade	Hackbraten
Hähnscher	Hähnchen
Handkees	Handkäse
Kaabern	Kapern
Kadoffele	Kartoffeln
Karodde	Karotten
Kees	Käse
Kimmel	Kümmel
Klees	Klöße
Kräuder	Kräuter
Kweddsche	Zwetschen
Laddwersch	Latwerge

Leiderscher	Leiterchen
Lewwerworscht	Leberwurst
Mandele	Mandeln
Möhrn	Möhren
Nelge	Nelken
Niss	Nüsse
Pabbriga	Paprika
Pannekuche	Pfannkuchen
Pedersillje	Petersilie
Peffer	Pfeffer
Pellmenner	Pellkartoffeln
Quaak	Quark
Ribbscher	Rippchen
Sauer Sahne	saure Sahne
Sieße Sahne	süße Sahne
Schallodde	Schalotten
Schinge	Schinken
Schwaademaache	Schwartemagen
Siebkees	Quark
Subbeflaasch	Suppenfleisch
Subbegrien	Suppengrün
Tomaade	Tomaten
Werschdscher	Würstchen
Wersching	Wirsing
Worscht	Wurst
Zugger	Zucker
Zwiwwel	Zwiebel
Zwiwwele	Zwiebeln

Gescherr un Beschdeck

Deller, Dibbe, Gawwel(e), Kneibsche(r), Leffel, Pann(e), Schebbleffel, Schissel(e)

Kischeawweide

aabraade, abdrobbe lasse, abkiehle, abschmegge, bagge, beschdreische, buddse, eidigge, eileesche, fille, ganniern, graddiniern, reesde, schnibbele, verriehrn, wäsche, wörfele, ziehe lasse

Was kimmt am Schluss?

achele, fuddern, mambfe, schbachdele, schnawwuliern, sisch de Ranze vollschlaache

Gebackenes Tatar „Spezial"

nach em Rezept vom Gasthaus „Einhorn" in Frankfurt am Main-Bonames

Hisdorisch gesehe is en Tatar net ebbes zum Esse, sonnern en ganz gefährlische Kerl, der mit annere Tatarn vor isch waaß net wieviel hunnert oder tausend Jahn ganz hinne in de Mongolei zu Raubziesch nach Westeuroba uffgebroche is. Die sinn bis nach Schbanie geridde! Un weil die unnerweeschs kaa Zeit zum Koche hadde, da hawwese rohes Flaasch uff ihr Ferdesäddel geleescht un verzehrfäddisch geridde. So hab ischs emaa in de Schul gelernt. Glaab isch jedenfalls. Isch kann nur hoffe, dass mer mir da nix uffs Aach erzählt hat.

Un dademit komm isch jetz zu unserm gebaggene Tatar.

Fer de brauche mer als Zudade:

200 Gramm maacheres Hackflaasch vom Rind
¼ Teeleffel Salz
1 Ei
1 Teeleffel Gewörzgorge
¼ Teeleffel Peffer
1 middelgroß Gemieszwiwwel
1 gehäufde Essleffel Zwiwwel in Wörfelscher
½ Teeleffel Senf, middelscharf
¼ Lidder Flaaschfond
Eel fer die Braadkadoffele, fer de Tatar un zum Zwiwwelaabrade

Die Zudade duht mer schee vermenge. Die Gemies-zwiwwel schneid mer in Halbmöndscher un duht se in erer Pann glasisch aabrade, löscht se mit dem Flaaschfond ab un lässt se eiredduziern.

Aus dem Haggflaasch mäscht mer Friggadelle. Die kann mer dann medium odder gut dorsch brade.

Aus dem rohe Ei bagge mer e Schbischelei.

Die eiredduzierde Zwiwwele schidde mer uff de gebaggene Tatar owwedruff, un uff die Zwiwwele leesche mer des gebaggene Schbischelei.

Gut basse duhn dadezu Braadkadoffele (aus Pell-männer) odder Kadoffelsalat un Koppsalat.

Noch aans. Wenn mer so en leggere gebaggene Tatar schnawwuliert hat, dann denkt mer villeischt aach emaa an die aale Tatarn wo ihr Koddlett uff ihre Ferdesäddel waasch geridde hawwe. Fer dene Ihrn Drang nach Weste krieht mer möschlischerweis sogaa e bissi Verschdändnis. Wer waaß ...

Kalbsricke mit Frankforder Grie Soß

nach em Rezept von Jörg Ludwig, Gerbermühle, Frankfurt

Zudade fer 4 – 6 Persone
1 Killo Kalbsricke
1 Killo La-Ratte-Kadoffele
150 Gramm Bauchschbeck
2 Schalodde
2 Bund Grie-Soß-Kräuder
2 Gewörzgorge un e bissi Gorgefond
6 gekochde Eier
e bissi Senf
600 Gramm Schmand
400 Gramm sauer Sahne
200 Gramm Yoghurt
Ziddronesaft odder en milde Obstessisch,
Salz un Peffer aus de Miehl

Heut is in de Kisch ebbes Besonneres los:
mir brade en Kalbsricke, dazu gibt's Grie Soß.
Aaagebrade wird des Flaasch rischdisch scharf
uff beide Seite, wenn isch bidde darf.
Vergesse derfe mer keinesfalls
orndlisch zu wörze, mit Peffer un Salz.

Jetz pinsle mer Senf iwwer de Brade driwwer
un schiebe en dann in de Ofe eniwwer.
Dort werd er bei zägga hunnerdseschzisch Grad
e verdel Schdund lang schee rosa gegaad.

Jetz kimmt unser groß Wieschemesser draa.
Mit dem krieht mer die siwwe Kräuder klaa
fer unser Grie Soß, lauder scheene, frische.
Die duht mer mit de annere Zudade mische.
Jetz werd abgeschmeggt, mit Zugger un Salz,
Peffer un Gorgefond ebefalls.

Was mer in Grie Soß net sehe will
is Mayo, Zwiwwel, Knoblauch un Dill.
Des wär, unner uns gesacht, e Sauerei.
Duhn Se dadevoo bidde nix enei.

Was zum volle Genuss jetz noch fehlt,
des sinn klaane Kadoffel, ungescheelt.
Die koche mer, mit Salz un Kimmel drin
so, dass se alle noch schee „bissfest“ sinn.
Pelle duhn mer, so lang se noch heiß
un schneide se allminanner scheibscheweis.

Die Scheibscher, die wern jetz goldgelb gebrade.
Fer des Fett möscht isch zu Budderschmalz rade.
Wenn die Scheibscher dann schee goldgelb sinn,
duut mer Schbeck in klaane Wörfelscher ninn.
Salz, Peffer un Zwiwwel, die komme dezu,

des wär alles, dann hawwe mer Ruh.

Zu de siwwe Kräuder is noch aans zu saache:
Grob gehaggt odder fei geschnidde? Diese Fraache
duhn Sie bidde schee selwer enscheide.
Sie sinn schließlisch de Chef beim Zubereide.

Abschmegge am Schluss is des Dibbelsche uffem i.
Die Verandwordung dadefer traache SIE.

Alles klar?

Ebbes Defdisches: Gebradene Bluudworscht

nach em Rezept im Evert Kornmayer seim Große Frankfurter Kochbuch

Fer 4 Porzjone braucht mer
600 Gramm Bluudworscht
2 Äbbel
e bissi Mehl
200 Millilidder Sahne
Kadoffelbrei
1 Zwiwwel (in Ringe geschnidde)
1 Zidron (de Saft devoo)
4 Essleffel Eel
Salz

Die Äbbel schneide mer in vier Schdigger un duhn se endkerne un schäle. Dann schnibbele mer se weider in klaane Wörfel, duhn se in e Schissel, dröbbele Zidronesaft driwwer un mische orndlisch dorsch. Wie mer Kadoffelbrei mäscht, des setz isch jetz emaa als bekannt voraus.

In unsern fäddische Kadoffelbrei riehrn mer dann die Sahn un die gewörfelte Äbbel enei.

Die Bluudworscht duhn mer mit odder ohne Haut (des is Geschmacksach un lischt bei Ihne) in zwaa Zendimeder digge Scheibe schneide. Es derfe aach mehr odder wenischer als wie zwaa Zendimeder sei, des lischt ganz bei Ihne.

Die Scheibe duut mer uffem Deller in e bissi Mehl weljern.

Jetz wird des Eel in erer Pann erhitzt un die Zwiwwele glasisch gebrade. Die Worschtscheibe duhn mer bei middlerer Hitz vorne un hinne knusbrisch brade.

Des Kadoffelpürree mit de Abbelschdiggscher kimmt am Schluss uff die Deller, die Bluudworschtscheibe owwedriwwer. Des ganze kann mer noch mit Zwiwwele ganniern.

Wenn Ihne emaa vor Hunger de Maache bis uff die Schdiwwel enunnerhängt, dann is die Gebradene Bluudworscht genau des Rischdische fer Sie. Aach dann, wenn Ihne die ganze hochfeine Gerischde von de Vierschderneköch emaa zum Hals enaushänge.

Odewälder Schnegge-Gemiesragout

nach em Rezept von Peter und Carola Merkel, Gasthaus Dornröschen, Annelsbach

Fer des Gemiesragout braucht mer
1 Essleffel Eel odder Budder
1 Essleffel gewörfelde Zwiwwel
1 Essleffel gewörfelde Tomade
3 Essleffel Karodde in feine Schdreifscher
1 Essleffel Sellerie in feine Schdreifscher
3 Knoblauchzehe, klaageschnibbelt
50 Millilidder Äbbelwei
2 Essleffel Sahne
e bissi Salz un Peffer

Kräuder der Säsong, je nachdem Thymian, Basilikum, Rosmarin, Salbei odder Oregano (wenn kaan Kräudergadde zur Verfüüschung schdeht: Kräuder der Provence), fäddisch gegarde Wein-berschschnegge, drei Schdick pro Dibbsche (uff die Dibbscher komme mer gleisch).

Los geht's mit de Zwiwwele un de Tomade. Die wern in Budder odder Eel aagedünst. Dadezu kimmt de Knoblauch un de Äbbelwei un die resdlische Zudaade. Des Ganze kocht mer uff, gibt die Sahne dezu un schmeggt ab mit Kräuder, Salz un Peffer.

Im Fall, dass des Ragout zu dickflissisch odder zu dinnflissisch is, gibt mer e bissi Gemiesbrie dezu odder kocht noch e bissi nach. Zuletzt duht mer die Schnegge enei, kocht se uff un duht se dann in die Dibbscher enei.

Fer die Teichdibbscher braucht mer (reischt fer 10 – 12 Schdick)
125 Gramm Mehl
1 – 2 Essleffel Wasser
50 – 70 Gramm Budder odder Maggarine
e bissi Salz

Budder odder Maggarine gibt mer in Flogge zu dem Mehl dezu un duht alles schee verreibe un vermische. Dadraus mäscht mer en Kranz un duht in die Mitt Wasser un Salz enei. Dadraus mäscht mer schnell e Teischkuuchel. Die deggt mer dann zu un lässt se e Schdund lang vor Gebrauch in Ruh.

Dadenach duht mer den Teisch ausrolle, leescht en in Miniförmscher (Dorschmesser zägga 5 Zendimeder) un bäckt bei 200 Grad zägga 15 Minude. Fäddisch.

Des Schneggekoche is ja villeischt net jedermanns Sach, mei aach net.

Awwer weil isch noch nie in meim Lewe Schnegge gegesse hab un misch die Neugier geblaacht hat, bin isch an em scheene Sonndaach middem Audo

nach Annelsbach im Odewald gefahn.

Schnegge geheern seit Annelsbach zu unserm kullinarische Rebberdoar, des emaa vorneweg.

Awwer mir wisse jetz aach, warum des Gasthaus „Dornröschen“ haaßt.

Se, mer fiehlt sisch da in Annelsbach wie in em Märche. E w-i-n-z-i-s-c-h Dörfsche, grad emaa 158 Eiwohner, drum erum Wiese un Wald, un iwwerall zwiddschern die Vööschelscher.

Wenn mer sisch da dorsch die Hegge sein Weesch zu dem Gasthaus bahnt, da kann mer net anners, mer muss an de Märcheprinz denke, de erst dorsch die Hegge dorschmusst, bevor er des Dornrösje wachküsse konnt.

Un wenn mer da wieder in de Brieder Grimm ihrm Märche eitaucht, da kimmds eim vielleischt vor, als wär de jetzische Kischeschef vom Gasthaus Dornrösje frieher maa der Kischebub gewese, wo im Märche von seim Meisder aa runnergehaache kriet.

Mei Fraa kriddisiert misch immer, wenn isch beim Esse in em Buch odder in de Zeidung lees. Isch mach des awwer trotzdem. Un wenn isch es nächsde Mal Schnegge-Gemiesragout ess, dann les isch dadezu des Märche vom Dornrösje.

Die Äbbel un ihrn Wei

Inspiriert von Michael Stöckls „Der Apfelweinschmecker"

Wenn mer maa genau hieguggt, was sisch hinner so em Bembel Äbbelwei alles verbirscht, da kimmt mer ausem Schdaune gaanet mehr enaus.

Des fengt schon beim Abbel aa. Wenn Sie maane, in Hesse hädds schon immer Äbbel gegewwe, dann sinn Se uffem falsche Damfer. De Adam un die Eva von de Äbbel, des waan die sogenannde Holzäbbel ausem Kaukasus. En ganze Haufe von dene waan Miggrande. Die hawwe neemlisch von de Pyrenäe bis weit in de fänne Oste Asyl gesucht un gefunne.

Wisse Sie, wo die erste rischdische Obstgädde aageleescht worn sinn? Isch saachs Ihne. Am Nil. Da wo sisch heudische Hitzköpp geeschenseidisch doothaache.

Hawwe Sie villeischt emaa em Homer sei Odyssee gelese? Wenn net, dann saach isch Ihne jetz, dass dadrin schonn von Äbbel un Berne die Redd is.

Jetz wern Sie fraache, wann dann die Abbelbeem bei uns Worzele geschlaache hawwe. Des war in

dere Zeit, wo die aale Reemer uns Germane mit ihrm Besuch beehrt hawwe.

Un jetz halde Se sisch fest: Kall de Große, der uns Hesse ja grad in Frankfort besonners waam am Häzz lischt, der hat im Jah 800 seine Unnertane befohle, Äbbel un anner Obst aazubaue un zu veredele. So ebbes is heudzudaach ja net mer möschlisch. Heut kann mer beheerdlischerseids bloß noch Aabau verbiede, beischbielsweis von Cannabis. Awwer des nur newebei.

In dere Verfüüschung vom Carolus Magnus, wie de Kall damals uff Ladeinisch gehaaße hat, is sogaa von Äbbelwei die Redd!

Seit dere Zeit, des wolle mer hier emaa festhalde, hat unner semmdlische Obstaade in Deutschland de Abbel die Nas vorn.

Wie mer Wei aus Traube mäscht, des is ja seit ewisch un drei Daach bekannt. Mer kann des in Bischern nachlese, die 500 Jahn vor Christus geschriwwe worn sinn. Isch kann des net, isch schbresch außer Deutsch nur Frankforderisch.

Jetz hibbe mer eifach emaa middem große Schbrung ins seschzehnde Jahhunnert. Da wern nehmlisch uffem Sachsehäuser Bersch noch Weirebe gezooche, awwer weideres Aaflanze werd verbode. Warum, isch waaß es net. Es is aach damals zu kalt worn fer die Rebe. Schdatt Äädäwäämung hads Äädäkaldung gegewwe. Aach dadraa sieht mer: nix bleibt wies is.

Egal. Seit 1700 sinn Äbbelwei un Bier in Frankfort uffem Vormasch.Die leddsde Rebe verteidische sisch am Lohrbersch un hawwe dort bis heut die Schdellung gehalde. Goddseidank. Bei aller Liewe zum Schdöffsche, den Frankforder Lohrbersch Riesling Schbäädlese möscht isch net endbehrn misse.

Der Lohrberscher Wei reischt allerdings dene ördlische Schobbepetzer net, also werd Wei von annerswo eigeführt, awwer kräffdisch beschdeuert, während de ördlische Ebbelwei schdeuerfrei bleiwe duht. Aus heudischer Sischt kann isch des nur begrieße. Schdeuer uff Äbbelwei, da heerds bei mir uff.

Bei Äbbelgäddner kimmt also weesche de Schdeuerbefreiung orndlisch Geld in die Kass. Awwer net lang. Warum? De geschdeischerde Äbbelweiausschank is dene Frankforder Brauereie en Dorn im Aach, un die krieje des im Jah 1733 hie, dass die Schdadt Frankfort den Äbbelweiausschank aach beschdeuert.

Wies so geht im Lewe, es finne sisch als e paa neue Schlubblöscher. In dem Fall waan des die Heckewerdschafde. Die waan so klaa, dass se net unner die Beschdeuerung gefalle sinn. Goddseidank kann isch aach hier nur widder saache. Äbbelwei geheert net beschdeuert, basda.

Isch mach jetz widder maa en große Schbrung, zeidlisch. Im ersde Weltkriesch werd Äbbelwei verbode. Warum? Die Mensche hungern. Die Äbbel derfe nur noch fer die Ernehrung verwend wern.

Un wies so geht im Lewe, es finne sisch aach hier widder Schlubblöscher. Sogenannde Äbbelweige-

schworene kaafe de Bauern ihr Äbbel ab un lassese heimlisch keldern. Un schläusche dann des Schdöffsche heimlisch hinner verschlossene Diern. Isch wäff da net de ersde Schdaa.

Des Dibbelsche uffs „i“ krieht des Schdöffsche dorsch die Äbbel von unsere hessische Schdreuobstwiese. Leider, leider wern die immer wenischer.

Wenn aaner sei Wiesegrundschdick verkaaft, dann bringdem des nadierlisch en Haufe mehr Geld ei wie die Äbbel. Un mir hawwe halt kaan Kall de Große mehr, der so Verkäuf glatt verbiede dät.

Wäffe mer maa en Blick uffs Keltern. Die Äbbel wern erst emaa orndlisch gewesche un dann in erer Abbelmiehl grob gemahle. In klaane Keltereie kimmt dann die Maisch in Tüscher, die von erer hydraulische Press zusammegedrickt wern. De Saft sammelt mer innem Tank un lässt en erst emaa in Ruh, damit sisch restlische Festschdoffe absetze könne. Is die Brieh dann schee klar, wird se in de Gärtank niwwergebumbt.

De Saft derf jetz zäggaväzzeh Daach lang gärn, entwedder in seiner eischne Hef odder in erer Zuchthef. Wenn de Saft ausgegorn is, werder nach owwe vorsischdisch abgesaucht. Die Hef bleibt dadebei am Boddem von dem Gärtank zurick.

Die ganz Sach is nadierlisch viel, viel komblizierder als wie isch se hier beschriwwe hab. Awwer fer en klaane Iwwerblick reischds ja erst emaa.

Wenn Se's genau wisse wolle, dann emfehl isch Ihne en Besuch beim Michael Stöckl in Weilrod. Von dem hab isch aach die ganze Weisheide iwwer die Äbbel un ihrn Wei.

Labanjer

nach em Rezept von Wilhelm Arnold, Gasthof Hainmühle, Homberger Mühltal

Zwische de Jahn 1618 un 1648 warn ganz beese Zeide, net nur hier erum. Isch redd vom Dreißischjährische Kriesch. Des hawwe die Hesse ganz asch zu schbiern gekriet. Des kann mer im Grimmelshause seim „Simplizius Simplizissimus" gut nachlese. Dadezu könnt isch Ihne allerhand verzähle. Awwer isch soll net als so viel abschweife. Säscht mei Fraa. Un mei Dochder. Von was hadde mers? Vom Labanjer, rischdisch.

Also in Hombersch-Ohm un da erum is „Labanjer" eischendlisch e Schimbfword un bezeischent en Nixnutz, en Taachedieb. Die Leut redde da obbe aach als emaa von „Labanjerschdrääsch" (Labanjerstreiche, Unfug). Un was hawwe die Labanjer middem Dreißischjährische Kriesch zu duh? Isch saachs Ihne.

Im Dreißischjährische Kriesch is Hombersch emaa von de Franzose belaachert worn. Irschendwann sinn die Franzose damals widder haam, awwer aans von ihre Schimbfwörder hat da owwe Worzel geschlaache – „Labanjer".

Allerdings hat die Ewolluzjon bei dem Wort die folschende Roll geschbielt. Im Franzeesische is en „bagnard“ en Schdrääfling ausem „Bagno“, also aaner, wo gesesse hat, en Knastbruder sozusaache. Un im Laaf von de Ewolluzjon is aus dem „bagnard“ halt en „Labanjer“ geworn.

Jetz wisse mer also, dass die Franzose damals die Homberscher als Knastbrieder bezeischent hawwe. Jed Wett, dass die Homberscher ähnlisch liewevolle Bezeischnunge fer ihr Belaacherer uff Laacher hadde.

Wodemit isch nach klaane Abschweifunge zum Wilhelm Arnold seim Rezept „Labanjer“ komm.

Also, Labanjer fer 4 Persone

Zudade:

Schweineschniddsel:
4 x 2 Scheibe à 100 Gramm vom Schweinerigge
Panniermehl, Mehl, Ei, Salz, Peffer

Zwiwwel-Pilz-Dörrflaasch-Gemies:
2 Zwiwwele
100 Gramm Schambinjongs
50 Gramm Dörrflaasch

Kräuderschmand:
400 Gramm Schmand
Dill
Pedersillje
Schniddlauch
Salz, Peffer
Zugger

Rösti:
4 digge Kadoffele
Salz
Muskat

Zubereidung:

Zwiwwele schäle, halbiern, in feine Scheibscher schneide. In erer Pann mit e bissi Eel dünste, bis se waasch sinn un e bissi Färbsche gekriet hawwe.
Die Pilzjer in Scheibe schneide un dezu gewwe. Des Dörrflaasch wörfele un aabraade.

Die Schniddsel duhn mer wörze, aaschließend erst in Mehl, dann in Ei un Panniermehl wende. Aabraade duhn mer se mit Eel in erer Pann, bis se goldbraun sinn. Dann lasse mer se langsam fäddisch ziehe.

De Schmand werd mit de Kräuder vermengt un gewörzt.

Die Kadoffele wern geschält un uff erer Rohkost-reiwe geriwwe. Die Schdärk werd in em Tuch ausge-driggt. Dann wern se gewörzt.

Die 4 Rösti duhn mer forme un in erer Pann mit e bissi Eel langsam goldbraun bagge.

Die fäddische Schniddsel wern in erer Ufflaafform aagerischt. Dann werd des Zwiwwel-Pilz-Dörflaasch-Gemles drlwwer geschidd. Zum Schluss duhn mer die ganz Mussik noch mit dem Kräuderschmand iwwerziehe.

Dann duhn mer unsern Labanjer im Ofe mit Owwer-hitz iwwerbacke un danach mit de Rösti aarischde.

Bon appétit!

Frankforder Werschd-scher mit Kadoffelsalat

nach em Rezept von Andreas Eggenwirth in „Frankfurter Würstchen“ von Konstantin Kalveram

Fer 4 Leut

800 Gramm Kadoffele
0,1 Lidder Majonees
0,1 Lidder Maacherjoghurt
1/8 l Lidder Flaaschbrieh
80 Gramm Zwiwwele
200 Gramm Gewörzgorge
1 Teeleffel Senf
2 Essleffel Essisch
Salz, Peffer, Zugger
4 Paar Frankforder Werschdscher

Die Kadoffele kocht mer ungeschält, schreggt se riggsischtslos mit kaldem Wasser ab, zieht ene die Haut ab un schneid se in Scheibe, solang se noch warm sinn. Die Zwiwwele schält mer un schneid se in klaane Wörfelscher, die Gorke diddo.

Dass die Kadoffele, die Zwiwwele un die Gorke sisch des alles gefalle lasse, des is ihr Sach. Als Kadoffel oder Gork wär isch dadegeesche schonn längst uff die Barrikade gegange. Die Zwiwwele mache des net mehr lang mit, wenn Se misch fraache. Die treiwe eim jetz schonn die Träne in die Aache. Awwer des nur newebei.

Die Brieh mache mer waam un schmegge se ab mit orndlisch Peffer, Salz, Zugger un Essisch. Die Zwiwwelwörfel gewwe mer dezu un schidde alles iwwer die Kadoffelscheiwe. Die Gorgewörfel gewwe mer dann aach noch dezu.

Wenn sisch alles abgekiehlt hat, dann riehrn mer zum Schluss Joghurt un Mayo enei un schmegge des Ganze ab.

Die Werschdscher erwääme mer in heißem Wasser mit e bissi Salz drin. Die Werschdscher bidde nie in kochend Wasser, sonst bladdsese.

Beulches

nach em Rezept von Thorben Laas von der Hoherodskopfklause

Wenn Sie emaa im Voochelsbersch uff de Hoherodskopp nuffwandern, dann werd Ihne irschendwann de Maache zu knorrn aafange. Un es deht misch wunnern, wenn Sie da net allmehlisch Lust uff ebbes Deffdisches zum Middaachesse krieje dehde.

Villeischt hawwe Sie schonn emaa geheert, dasses da owwe so e Aad Voochelsberschnazionalgerischt gibt: Beulches.

Jetz sinn Sie sischer neugierisch, wie mer des mäscht. Isch erklärs Ihne.

Zudade fer 10 Persone
5 Killo Kaddoffele
1 Killo Solber
2 Schdange Lauch
60 Gramm Gries
1 Zwiwwel
2 Knoblauchzehe
Salz, Peffer, Muskat

Die Sach fängt dademit aa, dass mer die Kaddoffele, die Zwiwwel un de Knoblauch schält.

De Lauch wäscht mer un schneid en in Schdreife. De Solber schnibbelt mer in Wörfel.

De Knoblauch, die Zwiwwel un die Kaddoffele duht mer reibe un vermischt alles schee middem Lauch, em Gries un em Solber.

De ganze Kladderadaddsch duht mer mit de Gewörze abschmegge un in Leinebeudel abfille. Die bind mer dann mit Kordel zu. Die Beudel geheern dann gut zwaa Stunde lang gekocht.

Dadezu mäscht mer e Soß aus Zwiwwel, em halwe Lidder Brie un em Lidder Sahne.

Nach dene zwaa Schdunde Hochzeit, Endschuldischung! Kochzeit, driggt mer die Beudel uff Deller aus un schidd die Soß driwwer. Fäddisch.

Wenn eim des zuveil Ärbet is, dann git mer de ärschde Sonnowed im Monat uff de Berch in die Hoherodskopfklause un dut do Beulches esse.

Der letzde Satz, des hawwe Sie gemäggt, is eschdes, bodeschdändisches Voochelsbersch-Hessisch. Ja, unser Hessisch is halt net vorne wie hinne. Dene Hesse im Vooschelsbersch is de Schnawwel e bissi annersder gewachse als wie de Hesse in Frankfort.

Zu Ihne Ihrer Belussdischung hawwe mir emaa en klaane Vergleisch aageschdellt.

Frankforderisch	**Vulsberchisch**
Bluudworscht	Bloodwoscht
Breedscher	Weck
Budder	Buddär
Flaasch	Flääsch
Gääle Riewe	Gäärle Roiwe
Gemies	Gemois
Gorge	Gummern
Grie Soß	Groi Soß
Klees	Klies
Knoblauch	Knoweluch
Pedersillje	Brieslab
Quaak	Madde
Sieße Sahne	Soiß Sahne
Schwaddemaache	Schwaddemooche

Subbegrien	Groines
Dibbe	Grobbe
Gawwel	Gowwel
abkiehle	abkoihle
eileesche	ieleesche

Un zum Schluss noch en vollmundische Schbruch hoch owwe vom Voochelsbersch:

Eich hu en Hunger, dass eich vor lauder Doscht net schloffe kann, so frierts meich.

Wisse Sie, was de aale Geede emaa gesacht hat? Isch saachs Ihne.

„Der Dialekt ist doch eigentlich das Element, in welchem die Seele ihren Atem schöpft."

Lammlachse mit Rosmarinkadöffelscher un Griene Bohne

nach em Rezept von Heiko un Katja Berbalk, Hof Berbalk, Wüstems

Freidaachs geht mei Fraa eikaafe uffem Wochemarkt in de Frankforder Schillerstraß. An dem Verkaufswaache von de Fraa Berbalk mäschtse lang Schdazion, hält e Schwätzje mit ihr un kääft ihr reeschelmäßisch e paar von ihre weidgeriehmde Lammlachse ab. Die komme dann am Wocheend bei uns uff de Disch. Köstlisch, köstlisch! Uffgebasst, hier kimmt des behäzzischenswerde Rezept:

Marinierte Lammlachse

Zudade

5 frische Lammlachse à 180 Gramm

Fer die Marinad brauche mer:

2 Knoblauchzeh
1 Teeleffel gedroggnede Rosmarin
1 Teeleffel Kräuder aus de Provence
½ Teeleffel Pabbriggapulwer
100 Millilidder Oliveeel

Fer die Lammlachse brauche mer:

1 Essleffel Sonneblummeeel
Budderschmalz odder aa bis zwaa Reschtegge Kogosfett (zum Beischbiel Palmin) zum Aabraade
Alufolie
½ Teeleffel schwazze Peffer
e klaa Priessche Salz

Zubereidung Marinad

Ganz wischdisch is: Die Marinad mäscht mer aan Daach im Voraus weil, die Lammlachse müsse 24 Stunne dadrin eigeleescht wern!

Zwaa Knoblauchzehe wern geschält un gepresst. Die duht mer dann mit Rosmarin, Provencekräuder un Pabbriggapulwer in 100 Millilidder Oliveeel enei un verriehrt kräffdisch.

Die Marinad fillt mer in e flach Schal un duht die Lammlachse 24 Schdunne dadrin eileesche.

Zubereidung Lammlachse

Des Sonneblummeeel duhn mer in de Pann gut erhitze, dann leesche mer die Lammlachse enei un brade se drei Minude lang uff beide Seide. Aaschließend wiggele mer se in Alufolie ei. Dadrin missese 3 Minude nachziehe ohne auszukiehle. Desweesche leesche mer se in de vorgewäämde Backofe (50 – 70° C Heißluft).

Bevor mer die Lammlachse serviern, beschdreue mer se mit e bissi Peffer un Salz.

Awwer so weit sinn mer noch lang net, weil, jetz komme erst emaa die Rosmarinkadöffelscher.

Rosmarinkadöffelscher
Zudade

1 Killo festkochende klaane Kadoffele
3 – 4 Zweische Rosmarin
2 Knoblauchzeh
4 Essleffel Oliveeel
½ Teleffel Salz
½ Teeleffel Peffer

Zubereidung

Die Kadoffele grindlisch wäsche, halbiern odder verdele.

De Backofe uff 180° C Heißluft vorheize. 3 – 4 Rosmarinzweisch wäsche un troggeschiddele. Von zwaa Zweisch die Bläddscher abzobbele un grob zerhagge. Den Rest vom Rosmarin zerteile, eischließlisch Schdengel. Wenn kaan frische Rosmarin da is, kann mer aach getroggnede nemme.

Jetz zwaa Knoblauchzehe schäle, in feine Scheibscher schneide un mit 4 Essleffel Oliveeel, dem Rosmarin un de Kadoffele in erer Schissel orndlisch mische. Alles uffem Backblesch verdeile, des mer mit Backbabbier vorher ausgeleescht hawwe. Uff die Kadoffele owwedruff schdreue mer de Rosmarin, schee gleischmäßisch verdeilt, wörze mit Salz un Peffer. Des Ganze gaarn mer im Ofe zägga e halb Schdund lang.

Wüstemser Kräuderbudder

Zudade

50 Gramm Wildkräuder, beischbielsweis Knoblauchrauke, Pimpinelle, Saueramfer
80 Gramm Budder
e bissi Salz

Zubereidung

Die Budder zeidisch ausem Kiehlschrank rausnemme, damit se schee waasch werd un sisch gut knede lässt. Bloß net uffem Herd odder in de Miggrowell wärme! Des duht de Budder gaanet gut. Die Wildkräuder duht mer wäsche, trogge tubfe un grob hagge. Dann midde Budder verknede un e bissi Salz dezu gewwe. Die Kräuderbudder in e Schderntüll fülle, fünf Budderrosedde uff en Deller schbriddse un im Kiehlschrank kalt schdelle odder eifriern. Die iwwrische Budder aach kiehlschdelle weil, die brauche mer fer die Kräuderbohne. Mit dere Kräuderbudder deggoriern mer schbäder die Deller.

Griene Bohne

Zudade

750 Gramm Griene Bohne, z. B. Prinzessbohne
1 Essleffel Kräuderbudder

Zubereidung

Die Bohne butze, wäsche, halbiern. In kochend Salzwasser zägga 10 Minude garn. Abgieße. Aan Essleffel von de Kräuderbudder in de Pann erhitze un die Bohne korz dadrin schwenke.

Zum gude Schluss duht mer die Lammlachse, die Rosmarinkadöffelscher un die Bohne schee mit de Kräuderbudder aarischde.

Des Ganze is viel Awweit, awwer: ohne Fleiss kaan Preis.

Isch saach Ihne aans: Lamm ausem Hinnertaunus, da geht kaum ebbes driwwer. Des kann sischdisch mache. Dass mir bei uns dehaam iwwerall in sämdlische Zimmer, uff de Sessel un uffem Sofa Lammfelle lische hawwe, sogaa in unserm Hund seine Körbscher, ob des villeischt schon Aazeische von Süschdischkeit sinn?

Äbbelwei-Schnitzel

nach em Rezept vom Michael Stöckl seiner Landsteiner Mühle

Es soll ja Leut gewwe wo de Äbbelwei nur als Schdöffsche im Geribbde kenne. Des is schad weil, de Äbbelwei hat längst aach die Panne un Schissele erowert.

Dadefer kimmt jetz e scheenes Beischbiel wo Ihne schon beim Lese es Wasser im Schnawwel zusammelaafe werd.

Es hannelt sisch um e Schweineschniddsel. Gefillt isses mit Graupe un gedörrde Äbbel. Dadezu basse Schbinadnoggerln. Des Ganze schwimmt in Äbbelweisoß: hmmm!

Des Rezept is net ganz eifach, awwer es hats in sisch.

Die Soß

Fer die brauche mer

0,6 Lidder Äbbelwei
0,3 Lidder Abbelsaft
8 Wacholderbeern
3 Lorbeerbledder
2 Nelge
20 Gramm Crem frääsch
e bissi Mondamin zum Eidigge

Zubereidung

De Äbbelwei un de Abbelsaft duht mer in e Dibbe. Dadezu gibt mer die Wacholderbeern, die Lorbeerbledder un die Nelge.

Die Brie lässt mer bei schwacher Hitz e bissi köschele. Wenns beim Prowwiern schee kräfdisch schmeggt, dann duht mer die Gewörze absiebe. Dadenach kocht mer mit Crem frääsch uff un duht die Soß mit e bissi Mondamin abbinde.

Die Fillung

Fer die brauche mer

150 Gramm Gerstegraupe
100 Gramm Huddzele, des heißt gedörrde Äbbel, in Äbbelwei eigeweischt
1 Ei
Salz un Peffer

Zubereide duht mer die Fillung folschendermaaße:

Die Gerstegraupe geheern iwwer Nacht in Wasser eigeweischt un dann in der Brie weischgekocht. Wenn die Graupe abgekiehlt sinn, duht mer des Ei un die gewörfelde Huddzele dezu. Jetz werd mit Salz un Peffer gewörzt. E bissi Paniermehl gibt mer dezu, des duht die Fillung binde. Die werd dann noch emaa gut dorschgeriert, prowiert un villeischt noch e bissi nachgewörzt.

Die Schbinatnoggerln

Fer die brauche mer

250 Gramm gehaggde Schbinat
300 Gramm Topfen
100 Gramm Parmesan
3 Eier
3 Dodder
50 Gramm Grieß
Zägga 100 Gramm Paniermehl
Salz
Peffer
Muskat
Knoblauch

Zubereidung

Alle Zudade duht mer in e Schissel un verriehrt se. Dann werd prowwiert un nachgewörzt, falls needisch. Die Nockerln formt mer mit zwaa Leffel un lässt se in Salzwasser ziehe, bis se gar sinn. Mer kann se awwer aach mit Dampf garn.

Des Schnlddsel

Die Grundlaach von dem ganze Kunstwägg is des Schniddsel selwer. Des haache mer middem Hammer schee platt un wörze mit Salz un Peffer. Die Fillung duhn mer eneischdobbe un mache zu. Mit Rulladeschbieß. Dann geht's weider dademit, dass des gefillde Schniddsel von auße gewörzt un in de Pann aagebrade werd. Von beide Seide. Is des bassiert, werd mit Äbbelwei abgelöscht, mit de Soß uffgefillt un middem Deggel uff de Pann gegart.

Sie hawwes gemäggt: Die ganz Sach aaded rischdisch in Awweit aus. Awwer des Ergebnis is hochbefriedischend. Prowwiern ses aus. Gude Abbedit.

Frankforder Krüstscheschnitzel

nach em Rezept von Wolfgang Weigel, Restaurant Solzer, Frankfurt am Main

Zudade fer zwaa Persone
2 Schweineschniddsel (aus de Oberschal)
2 Eier
40 Gramm Paniermehl
2 Essleffel Mehl
3 Essleffel Budderschmalz
2 Scheibe Bacon
Bauernbrot
Frankforder Grie Soß
50 Gramm Meerreddisch

E Krüstscheschniddsel zu besinge,
des könnt mer hier villeischt gelinge.
In Frankfort könne Sies genieße
un mit Äbbelwei begieße.

Mit was fängt mer beim Schniddsel aa?
Salz un Peffer muss erst draa.
Des Flaasch wend mer in Mehl. Un dann
kimmt Ei un aach Paniermehl dran.

SAUDI ARABIEN

Mit Eel brät mer dann keinesfalls.
Zum Brade nimmt mer Budderschmalz.
E bissi duht uns da schon reische.
Jetz duhn mer Bauernbrot beschdreische.

Mit was? Mit Kräuderbudder, gar kaa Fraach.
Die Scheibe rösde mer dann aach.
Des Flaasch leescht mer uffs Brot enuff,
duht Schbischelei un Bacon druff.

Dadezu schmeggt ganz famos
e bissi Meerreddisch un Griene Soß.

Als de Schmalhans Kischemeister war

Kullinarisches aus kallorieaame Zeide

35 Pfg.

ZEITGEMÄSSE

SPARREZEPTE

für die Hausfrau

Abwechslungsreiche Kost

trotz zeitbedingter Einschränkungen

Das ist seit den Jahren des Krieges eine Hauptforderung an alle Hausfrauen. Ihre Aufgabe ist es seitdem nicht nur, sparsam zu wirtschaften und die vorhandenen Lebensmittel bis zum letzten auszuwerten, sondern sich auch mehr noch als sonst um eine möglichst abwechslungsreiche Kost zu bemühen. **Denn sobald die Ernährungslage zur Sparsamkeit zwingt, besteht immer die Gefahr, daß der Küchenzettel eintönig wird, und dadurch tritt die Einfachheit der Kost dann erst recht in Erscheinung.** Dieser Gefahr gilt es deshalb durch die Erprobung und Anwendung immer neuer Rezepte zu begegnen.

An der Erreichung dieses Zieles will auch **der vorliegende kleine Ratgeber** zu seinem bescheidenen Teil mithelfen. **Er bringt aus der Fülle der Spar-Rezepte,** die in der Praxis mit Erfolg ausprobiert worden sind, **eine Auswahl speziell solcher Rezepte, die sich im wesentlichen auf die Verwendung von Kartoffeln und Brot als unseren Hauptnahrungsmitteln stützen und im allgemeinen von allen Hausfrauen angewandt werden können.** Spar-Rezepte, bei denen mindestens in größerem Umfang Gemüse erforderlich ist, wurden in dieser ersten Ausgabe zunächst außer acht gelassen und werden in einem zweiten Heft folgen.

Selbstverständlich erhebt dieser kleine Ratgeber keineswegs Anspruch darauf, daß alle Rezepte für alle Leser neu sind und alle Ratschläge gleichzeitig für alle Hausfrauen in gleichem Maße in Frage kommen. Das ist unmöglich! **Es steht aber zu erwarten, daß das kleine Heftchen trotz seiner Selbstgenügsamkeit unter den Hausfrauen bald viele Freunde erwerben wird.** Wenn dieses Ziel erreicht wird, wäre das zugleich die größte Genugtuung für alle, die dazu beigetragen haben, das Material für dieses Heftchen zu sammeln und es **auf breiterer Basis** möglichst vielen Hausfrauen zugänglich zu machen.

A. Kartoffelspeisen

Wie schon im Vorwort zum Ausdruck gebracht, zählt die Kartoffel zu unseren Hauptnahrungsmitteln. Ihre Verwendungmöglichkeit ist äußerst vielseitig, vielseitiger als sich die meisten träumen lassen, und es ist wirklich unverständlich, daß es immer noch Hausfrauen gibt, die ihre Zuflucht zu Pellkartoffeln und Salz suchen, wenn ihnen Fleisch und Gemüse zur Kartoffel fehlen. Wie vielseitig die Verwendungsmöglichkeit der Kartoffel als Hauptgericht ist, wird Ihnen nun auch dieser kleine Ratgeber zeigen.

1. Einige schmackhafte Kloß-Rezepte:

Sie an den Anfang zu stellen, ist berechtigt, denn auch wer nicht zu den Thüringern gehört, denen ein Sonntag ohne „Thüringer Klöße" kein Sonntag ist, oder zu den Bayern, die auf ihre „Knödel" nie verzichten möchten, wird doch dem Kartoffelkloß gern eine etwas bevorzugte Behandlung zuerkennen. Er ist schmackhaft, kräftig und sättigend und stellt niemals große Ansprüche an Beigaben, wie etwa die Salz- und Pellkartoffel. Man kann ihn aus rohen und gekochten Kartoffeln oder aus beiden herstellen, man kann ihn mit und ohne Mehl verarbeiten und man kann ihn sich abends ebenso gut schmecken lassen wie zum Mittagbrot. Nicht zuletzt: er ist sparsam im Verbrauch! Probieren Sie einmal die folgenden Rezepte aus:

a) **Sparklöße (auch Serviettenklöße genannt):** Sie stammen aus Thüringen und werden dort vielfach an Stelle der Original Thüringer Klöße hergestellt, weil letztere zu viele Kartoffeln erfordern und darum in jüngster Zeit nicht mehr so oft zubereitet werden können wie früher. Zu dem Sparkloß verwendet man wie zu den Original Thüringer Klößen ausschließlich rohe Kartoffeln, doch werden sie, nachdem sie gerieben sind, im Gegensatz hierzu nicht ausgedrückt, sondern mit 2 Löffel Mehl und 2 Löffel Grieß gedickt. Wenn Sie alles gut miteinander vermengt haben, schmecken Sie den Teig mit Salz ab, tun etwas Hefe oder Natron hinzu, ferner etwas geröstetes Brot oder Brötchen, formen das Ganze zu e i n e m Kloß, binden ihn in ein Tuch und lassen ihn eine Stunde in heißem Wasser kochen. Dazu essen Sie dann eine der üblichen Bratensoßen.

b) **Milch- oder Brühklöße:** Hierzu verwenden Sie gekochte und rohe Kartoffeln im Verhältnis 1 : 3 (die geriebenen rohen Kartoffeln jedoch nicht auspressen, sondern nur leicht ausdrücken!), vermischen den Teig mit ungefähr 1 Eßlöffel Grieß und etwas Salz nach Geschmack, formen daraus Klöße und lassen diese in leichtem kochendem Salzwasser etwa 10—15 Minuten ziehen. Dann gießen Sie je nach Vorrat ½ Liter Milch oder Brühe hinzu, lassen nochmals kurz aufkochen und das wohlschmeckende, kräftige Mahl ist fertig. Sie können aber auch auf den Zusatz von Milch oder Brühe verzichten und die Klöße wie den obigen Sparkloß zu einer Bratensoße verzehren. Gießen Sie jedoch das Wasser, in dem die Klöße gekocht wurden, auf keinen Fall weg, denn es ergibt ohne weitere Zusätze eine nahrhafte Suppe.

c) **Resteklöße:** Neben rohen und gekochten Kartoffeln können Sie zu den obigen Milch- oder Brühklößen auch alle Arten von Gemüseresten oder geringe Gemüsemengen, die sonst kein vollständiges Essen ergeben, verwenden. Sie drehen das gekochte Gemüse (Kohl, Kohlrüben, Möhren usw.) zusammen mit den ebenfalls evtl. von der vorhergehenden Mahlzeit restlichen Kartoffeln durch den Fleischwolf, setzen in entsprechender Menge einige rohe Kartoffeln dazu und verfahren im übrigen genau so wie unter b) beschrieben.

d) **Wickelklöße:** Auch Wickelklöße sind bei den Kloß-Kennern sehr beliebt. Sie verwenden dazu gekochte Kartoffeln vom vorhergehenden Tage, reiben sie, mischen etwas Salz und Mehl (letzteres im Verhältnis 4 : 1) hinzu, gießen etwas kochendes Wasser in die Mitte, verrühren das Ganze zu einem glatten Teig, rollen ihn messerrückendick aus, rösten in etwas Fett Semmelbrösel und streuen diese auf den ausgerollten Teig, schneiden dann etwa 20 cm lange und 5 cm breite Streifen, rollen diese zusammen und backen sie im Ofen auf einem Blech hellbraun. Sie können zu einer Bratentunke aber auch ohne

Noch e bissi Kischehessisch

Mir hawwes net so mit de Wordendunge.

Äbbelwei, Backofe, Gemies, Grie Soß, Handkees, Kischedisch (Küchentische), Leggerbisse, Maafisch (Mainfische), Niss, Pannekuche, Riewe (Rüben), Siebkees, e Tass Kaffee, Weck (Wecken)

Manschmaa verschluggemer ganze Wörder

Mir waan allminanner Dribbdebach
(wir waren alle miteinander in Sachsenhausen)

Unser A hats in sisch

Aabraade (anbraten) – die zwaa A vorne muss mer dorsch die Nas schbresche, wie die Franzose, beischbielsweis in „La France“, die zwaa A hinne net. Die klinge so wie Hochdeutsch „braten“. Bei „aageduddelt“ (angesäuselt) wird des A aach dorsch die Nas geschbroche.

Mir hawwe, mit wenische Ausnahme, kaa Ä, kaa Ö un kaa Ü

Kadoffelklees (Kartoffelklöße), Kees (Käse), Breedscher (Brötchen), Hiehner (Hühner), Kisch (Küche), Kiehlschrank, Leffel (Löffel), Riewe (Rüben), Schissel (Schüssel), Triffel (Trüffel), Veeschel (Vögel)

Des G in de Mitt von Werder is uns en Dorn im Aach

Abwiesche (abwiegen), eigeleeschde Hering, Maachebidder (Magenbitter), Taachessupp (Tagessuppe im Restaurant)

Mit dem CH schdehn mer aach uff Krieschsfuß. Isch erkleers Ihne. Es werd in viele Fell wie e SCH ausgeschbroche. Die Ausnahme sinn Werder mit A, O, U drinne.

Breedscher (Brötchen), Fäddischgerischde (Fertiggerichte), Kisch (Küche), Kochbischer (Kochbücher - an dem Beischbiel sieht mer, dass des O e Ausnahm is; mer säscht uff kaan Fall Koschbischer) , Lischer Bier (Licher Bier), Milschreis, uff nüschderne Maache, Schischtkees (Schichtkäse), Zeschbrieder (Zechbrüder)

Des P hats aach in sisch

Mir Hesse lasses oft eifach weg: En Firsisch schmeggt aach ohne P am Aafang. E Pund wiescht aach ohne F fünfhunnert Gramm.

Im Wordinnelewe fiehlt sisch des hochdeutsche P, iwwrischens aach des PF, net wohl. Es verschdeggelt sisch desweesche in erem B: Abbel (Apfel), Buddslabbe (Putzlappen), Dibbe (Topf, Töpfe), Kaabern (Kapern), Schubbe (Schuppen, vom Fisch), Schubbnudele (Schupfnudeln), Worschtzibbel (Wurstzipfel)

Wisse Se was? Isch heer jetz emaa middedrin uff. Sonst werd ja des ganze Bischelsche hier von Woggabulah un Grammaddik iwwerschwemmt, des geht net. Kaa Angst, gleisch komme widder Tibbs (Tips) fer die Kisch (Küche).

Was issen des in dere Schissel?

Hochdeutsch: Klöße
Nordhessisch: Klies
Französisch: boulettes
Spanisch: albóndige …
Südhessisch: Klees
Englisch: dumplings
Italienisch: gnocchi
eddzeddera.

WIsse Se, wieviel Schbraache es uff de Welt gibt? Isch saachs Ihne: iwwer vierdausend.

Schdelle Se sisch des bloß emaa vor: de gude aale Kloß in vierdausend verschiedene Schbraache! E ganz Wörderbuch mit nix wie Klees uff Schinnesisch, Romani, Suaheli un was waaß isch. Un dadezu noch e paa Dausend Dialektwörder fer die Klees…

Alles klaar? Ja, klaar wie Kleesbrie.

Frankforder Grie Soß

Grie Soß gibt's heut zum Middaachesse
mit siwwe Kräuder, all aus Hesse.
Borretsch, Schniddlauch sinn debei
Pimbinell kimmt aach enei,

© silencefoto - Fotolia.com

eweso e Porzjon Kresse,
Saueramfer net vergesse!
Dann noch Kerwel, Pedersillje:
E Festmahl fer die ganz Famillje.
Gebraucht wern fer drei, vier Persone
dreihunnert Gramm, dann duht sischs lohne.
Des Griezeusch is ja net so deier.
Als neeschsdes, hadd gekocht, zwaa Eier,
en Leffel Eel, en Leffel Essisch
(so schbrischt mer des koreggt uff hessisch)
zwaa Zwiwwele muss mer dann scheele,
die derfe in der Soß net fehle,
e bissi Jogurt, sauer Sahne
sieße Sahne brauch mer kaane.
Zum Schluss noch Zugger, Peffer, Salz.
Des reischt. Mehr brauch mer keinesfalls.
Jetz Kräuder, Zwiwwel, feigehackt,
in e groß Schissel neigepackt,
un Salz un Peffer druffgeschdreut.
Dann lesst mer – nur Geduld, ihr Leut! –
des ganze Zeusch mitsamt de Brieh
e Schdundlang odder zwaa dorschzieh.
Die Eier hackt mer dann schee klaa
un gibt se schbeder aach noch draa.
E bissi Salz un Zugger noch dezu?
Je nach Geschmack. Un dann is Ruh.
Mein Abbedidd is RIESEGROSS:
Jetz gibt's Gequellde mit Grie Soß.

Veschetarier-Arie

Bohne, Mais un Sellerie,
Veschetarier schätze sie.
Erbse un Salat
halte se parat.

Zuschini, Oberschiene,
erhelle ihre Miene,
Babrika un Lauch
ja, die dun des auch.

Reddisch, Laddisch, Rosekohl,
die dun ihre Gaume wohl,
aach Poddulak, Rabunzele
bringe se zum Schmunzele.

Mangold, Rucola, Porree,
Bebberoni, Schiggoree,
Raditscho, Ardischogge,
oh, welch leggeres Verlogge!

Kohlrabi, Kren, Karodde,
Schbinnaat, Karfiol, Schallodde,
Schdeinbilz, Kürbis, Trüffele,
köstlisches Geschnüffele!

Flaasch gibt es hier nischt.
Gemies reischt fers Gedischt.

Esse in Hesse - Ein Quiz

Uffgebasst! Jetz könne Se sisch selwer emaa uff de Zah fiehle. Es werd sisch ganz schnell rausschdelle, wie gut Se sisch mit einische hessische Lieblingsgerischde auskenne. Von vier Mööschlischkeide is nur aa rischdisch, des kenne Se ja. Die Iwwerschrift von jedem Quiz is leider in Hochdeutsch, weil die Kochbischer net in Mundaad geschriwwe sinn. Außer meim.

1 – WELSCHER HAHN

Aale Frankforder esse am erste Weihnachtsfeierdaach als emaa gern Welsche Hahn schdatt Gans. Dadebei hannelt es sisch um

en Truthahn
en Enderisch
en Giggel
en Subbehahn

2 – HIMMEL UND ERDE

Zu dem leggere Gerischt aus Kadoffele un Äbbel geheern

kross gebradene Schbeckscheibe
Schbischeleier mit e bissi Ketschapp
beidseidisch aagebradene Bluudworschtscheibe
Scheibe von gekochdem Schinke

3 – LUMPEN UND FLÖHE

In diesem defdische Eitopfgerischt sinn die Lumbe un Flöh

Sauerkraut un Wacholderbeern
Weißkraut un Kimmel
Wersching un Pefferkörner
Rosekohl un Sonneblummekern

4 – GRÜNE SOßE

Was net zu dene siwwe Kräuder von de Grie Soß geheert is

Kerwel
Schniddlauch
Majoran
Pedersillje

5 – FRANKFURTER MOTTEN MIT KLÖßEN

In de Wedderau sinn Modde net nur ebbes, was rumfliescht un Ihne Ihr Kleider ufffrisst, sonnern aach

Karodde
Pifferlinge
Äbbse
Rosekohl

6 – SCHÄUFELCHEN

Schwierisch, schwierisch. Sieht des villeischt aus wie e klaa Schaufel, e Schibbsche? Wie wärs mit

Friddierde Kadoffelscheibscher
Erer beschdimmde Aad von Nudele
Schulderschdiggscher von de Wutz
Ganz klaane Pannekuche

7 – MAUSOHRENSUPPE

Bei dem Name kimmt mer ins Griebele, gell? Warum Mäusohrn? Rischdische Mäusjer wern ja wohl net in de Supp drin sei. Was drin rumschwimme duht sinn

Klaane Äbbseschode
Zwiwwelschälscher
Feldsaladblädder
Huddsele (gedörrde Abbelschnibbsel)

8 – SCHEPPERLINGE

Beschdehe haubdsäschlisch aus

Mehl
Kadoffele
Äbbel
Blummekohl

9 – WESTERWÄLDER DIPPEKUCHEN

Wenn mer dem Kuche uff de Grund geht, da find mer

Äbbel un Berne
Sauerkraut un Solwer
Kadoffel un Dörrflaasch
Firsische un Ingwer

10 – HEISSER FRANZOS

Is ebbes, was mer uffem Frankforder Weihnachtsmackt zu sisch nemme kann. Dem Name nach könnt des ebbes Heißes un Franzeesisches sei. Wie wärs mit

Elsässer Flammkuche
Pommes frites mit Currysoß
heiße Abbelsaft mit Calvados
frisch gebaggene Crêpes

11 – KIRSCHENMICHEL

Was bassiert mit dem in de Kisch? Er werd

gekocht
geschmort
gebagge
gebrade

12 – VERSOFFENE JUNGFER

In dem scheene Rezept von de Airlenbacher Landfraue geht's um ebbes

Sießes
Sahnisches
Saures
Hochbrozendisches

13 – LEITERCHEN

Nennt mer in Frankfort

Schälribbscher von de Wutz
Schenkelscher vom Giggel
Schinkewaffele
Klaane Baumkuche

14 – BISCHOFSSOßE

Is e Soß, die gut zu Kartäuserklees basst.
Die Soß braucht uff jeden Fall ebbes Algoholisches, un zwar en

Weißwei
Rotwei
Likör
Konnjack

Weesche dem rellischiöse Hinnergrund von de Soß un de Klees deht isch, wenn de Preis kaa groß Roll schbielt, fer de Weißwei Forster Jesuitegarte un fer de Rotwei Hochheimer Hölle emfehle. Awwer des nur newebei.

Ob Se bei dem Quiz rischdisch odder falsch geleesche hawwe, des könne Se in dem Schlissel am End hier nachlese.

Noch aans. E eschde Fundgrube fer hessische Rezepte is em Evert Kornmayer sein Bestseller „DAS GROSSE FRANKFURTER KOCHBUCH“, aus dem isch aach genascht hab.

Die rischdische Andworde

1 en Truthahn
2 beidseidisch aagebradene Bluudworschtscheibe
3 Weißkraut un Kimmel
4 Majoran
5 Karodde
6 Schulderschdiggscher von de Wutz
7 Feldsaladbládder
8 Kadoffele
9 Kadoffele un Dörrflaasch
10 Heiße Abbelsaft mit Calvados
11 gebagge
12 Sießes
13 Schälribbscher von de Wutz
14 Rotwei

Hessischer Zander mit Sauerkraut un Kadoffelschdamf

nach em Rezept von Micha Bartels, „Micha's Essen und Trinken", Frankfurt am Main

Seit biblische Zeide esse mir Mensche Fisch. Dumm Zeusch. Des hat schonn viel früher aagefange. Villeischt net grad bei de Neanderthaler. Awwer sischer net viel schbäder.

Schad, sehr schad, dass mir unsere tierische Midgeschöbfe seit Urzeide nach dem Lewe trachde. Annerseids, was will mer mache? Irschendwie muss mer satt wern. Un bis mir all Veschedarier sinn, da werd wahrscheinlisch noch viel Wasser de Maa nunner laafe.

Bei unserne tierische Midgeschöbfe geht's ja net annersder zu. Die fresse sisch ja aach geeschiseidisch uff. Mit wenische Ausnahme.

Also leesche mer emaa unser schleschte Gewisse geescheiwwer de Fisch beiseit un genieße den hessische Zander.

Dadezu brauche mer:

4 x 150 Gramm Zanderfilet, ohne Gräde, mit Haut
Semmelbrösel
Budderschmalz, Salz un Peffer
500 Gramm Sauerkraut ausem Reformhaus
50 Gramm maachere Bacon (mer könnt ja aach Schbeck saache)
2 Essleffel Budder
1 Zwiwwel
1 Knoblauchzeh
1 Glas Fischfond
1 Bescher sieße Sahne
Salz, Peffer, Lorbeerblädder, Zidronesaft

1 Killo mehlisch kochende Kadoffele
1 große Zwiwwel
1 große Knoblauchzehe
2 Essleffel Budder
0,2 Lidder Milsch
Salz, Peffer, Muskat

So, jetz geht's los.

Vorbereidung

Vorbereide kann mer schonn aan Daach vorher. Die endschbreschende Zudade kann mer in Folie im Kiehlschrank parat halde.

Die Kaddoffele duht mehr schäle, viertele un mit wenisch Salz weisch koche.

Des Sauerkraut duht mehr im Sieb unner fließend Wasser wäsche, damit die Säure rausgeht. Des Wasser lässt mer ablaafe.

De Fischfond un die sieße Sahne lässt mer mit 4 Lorbeerbládder leischt köschele un sisch uff zägga die Hälft redduziern.

Die Fischschdigger wern dann in de Semmelbrösel gut gewend un abgeklobbt.

Die Zwiwwele un de Knoblauch schneide mer in Wörfelscher.

Die Baconwörfel, also de Schbeck, brade mer gut aus un lasse se im Fett kalt wern.

Jetz kimmts Kraut.
Da wern erst emaa Zwiwwel un Knoblauch in de Budder glasisch gedünst, es Sauerkraut leischt aagebrade un de redduzierde Fischfond erhitzt. Dann komme die Lorbeerblädder naus un die Schbeggwörfel nei. Aaschließend schmegge mer behudsam ab mit Salz, Peffer un Zidronesaft un lasse alles langsam köschele.

Jetz is de Schdampf draa.
Zwiwwel un Knoblauch glasisch aabrade, mit de Milsch ablösche, die heiße abgedamfde Kadoffele dezu gewwe un middem Kadoffelschdember klaa kweddsche. Dadezu kimmt dann noch en orndlische Schlaach Budder, Salz, Peffer un frisch geriwwene Muskat. Den ganze Kladderadadsch riehrn mer kräffdisch dorsch.

Net ganz unwischdisch: de Zander.
Unsern Fisch mit Haut duhn mer in net zu heißem Budderschmalz aabrade. Nach zwaa Minude drehe mern um un brade wie vorher. Dann Salz un Peffer dezu. Aus dem Kadoffelschdamf mache mer e orndlisch Fundament, rundum schee gladdgeschdrische, gewwe des sahnische Kraut dezu un leesche unsern Zander als Prachtschdick owwedruff.

Des gibt e Festesse, garrandiert. Un des hat mer nach soviel Awweit aach verdient, schdimmts?

Anna Margaretha Justina Lindheimer-Frikadellen

Das Rezept findet sich in „Das große Frankfurter Kochbuch" von Evert Kornmayer

Hochverehrtes Lesepublikum!
Zu unserem lebhaften Bedauern sehen wir uns außerstande, Ihnen das nun aufleuchtende kulinarische Kleinod auf volkstümlichem Niveau, will sagen auf Hessisch, nahezubringen. Nein, einer Grabumdrehung Goethes wollen wir uns nicht schuldig machen. Die Aura des Olympiers, welche diese Frikadellen umgibt, sie nötigt uns, vorübergehend auf unser heimisches Idiom zu verzichten. Wir bitten um Ihr Verständnis.

Oma Lindheimers Rezept – für 4 Personen

500 g Rinderhackfleisch
100 g Speck
100 g Semmelbrösel
2 Eier
1 Esslöffel Zitronensaft
½ Teelöffel gemahlene Gewürznelken
1 Messerspitze gemahlene Muskatnuss
½ Teelöffel geriebener Ingwer
Öl oder Fett zum Braten
Salz

Stellen Sie sich bitte vor, wir hätten geschrieben „Em Geede seiner Oma ihr Friggadellerezept“!

Das Rezept von Goethes Omi und dessen im Fernsehen dokumentierte rekreative Umsetzung durch den 7-Sternekoch Chrysostomus Cocolorus darf als Spitzenleistung der Haute Cuisine des 18. und 21. Jahrhunderts gelten.

Allein die Feinstwürfelung des Specks! Und die innige Vermischung mit dem Hackfleisch! Das ist große Küchenkunst. Ebenso der Aufbau mit den Eiern (damals genau wie heute ausnahmslos von freilaufendem Federvieh, notabene) und den Semmelbröseln. Er ist extrem fein und produziert ein breites Panorama von beträchtlicher Tiefe und wunderbar plastischen Verläufen. Die Finesse ist auch daran erkennbar, wie abgestuft aromafördernd der Zitronensaft integriert wird.

In allen Phasen der Zubereitung spielt der Faktor Zeit eine höchst wichtige Rolle. Aufschlussreich sind hierbei die minimalen Abweichungen von Omi Lindheimers Rezept, für welche sich Cocolorus entschieden hat. Genau hier liegt die Erklärung für die im 18. Jahrhundert noch nicht erreichbare optimale Entfaltung der sensorischen Struktur.

Wie gerne hätte man Oma Lindheimer bei der manuellen Formung der Frikadellen zugeschaut!

Doch auch die entsprechende Performance von Starkoch Cocolorus war eine rechte Augenweide.

Fazit: Die Lindheimer-Cocolorus-Kreation ist ein Gericht von dezenter Rustikalität. Es mundet optimal in der Synthese von Frikadellen mit Bratkartoffeln oder Kartoffelsalat. Bon appétit!

Aus de Oma ihrm Kochbuch

Unser Vorfahrn hawwe meiner Fraa un mir e ganz Regal von Kochbischer hinnerlasse.

Gern gugg isch als emaa in so Bischer enei. Se, da sieht mer, wie die Welt sisch verännert hat. Manschmaa iwwerkimmt aan da aach so e Gefiehl: des war se, die gude alde Zeit. Un es werd aam e bissi wehmiedisch ums Häzz. Mer iwwersieht nadierlisch, dass des gaanet schdimmt, des mit de gude alde Zeit. Des war ja aach e Zeit mit Kriesch, Mord un Doodschlaach, Hunger, Infladdsion, Awweidslosischkeit.

Awwer, es Lewe geht weider. Es hat ja aach immer widder sei scheene Seide. Un dadezu geheert uff jeden Fall gut esse un gut trinke.

Also, wäffe mer maa en Blick in des altehrwirdische Kochbuch. „Der Weg zum Herzen des Mannes“. Vor net ganz hunnert Jahrn hawwe des mei Schwischereldern geschenkt gekriet, wie se geheirat hawwe.

Jammerschad, dass des Buch net in Mundaad geschriwwe worn is! Des hätt gut gebasst, weils nämlisch von de Schdadt Frankfort verschenkt worn is, an Frankforder, die damals den Hafe der Ehe aageschdeuert hawwe.

Also, viel Lesevergniesche!

Schnepfen, gebraten

Die Schnepfen, die einige Tage an einem luftigen Orte gehangen haben, werden gerupft; dann zieht man die Kopfhaut ab, schneidet den unteren Schnabel weg, zieht den Schlund und die Gurgel heraus, sticht die Augen aus, sengt die Schnepfen und nimmt sie aus. Die Eingeweide legt man einstweilen auf die Seite, dann schiebt man die Schlegel rückwärts den Flügeln zu und steckt den Schnabel durch den Schlegel der rechten Seite, daß er auf der linken Seite herauskommt, legt Speckschnitten auf die Brust, salzt sie und bratet sie mit Butter saftig. Die Eingeweide, Herz und Leber (der sog. Schnepfendreck) wiegt man mit etwas Speck, Zwiebeln und Petersilie fein, dünstet es in einem Stück Butter mit 1 Löffel voll Mutschelmehl, 1/2 Glas rotem Wein, verrührt es mit 1 Eidotter, Salz und Pfeffer, bestreicht runde, ausgestochene Brotschnitten damit, gibt diese in ein mit Butter dick bestrichenes Geschirr, läßt sie im Ofen gar werden und garniert beim Anrichten die Schnepfen damit.

Die Magen der Schnepfen sind wegen ihres bitteren Geschmacks nicht zu gebrauchen.

Schnepfen, gefüllt

250 Gramm Trüffeln werden gewaschen, gebürstet, rund geschält, die Abfälle mit 2 bis 3 Schalotten, Petersilie und Zwiebeln, dem Eingeweide (mit Ausnahme des Magens) gehackt und dies alles mit 1/4 Pfund geschabtem Speck, den Trüffeln und etwas Salz 1/4 Stunde, zugedeckt, gedämpft und in die gereinigten, ausgenommenen Schnepfen gefüllt; die werden zugenäht, gesalzen, dressiert, mit Speck umbunden und entweder am Spieße oder in der Pfanne mit Butter gebraten, was etwa 20 Minuten braucht. Unterdessen macht man eine gute Trüffeltunke und serviert sie dazu.

Die in diesem Rezept beschriebene Fülle reicht für zwei Schnepfen.

Bekassinen (Sumpfschnepfen)

werden wie die andern Schnepfen behandelt.

Gebratener Auerhahn

Zum Braten eignen sich bloß die jungen Auerhähne; ältere sind in Pasteten zu gebrauchen. Man rupft den Auerhahn bis zum Hals (welcher beim Anrichten nebst dem Kopf auf die Platte gelegt wird), nimmt ihn gut aus, sengt ihn ab und legt ihn 1 bis 2 Tage in eine Beize; dann wird er schön dressiert, die Brust gut mit Speckschnitten belegt, umbunden und wie das übrige wilde Geflügel saftig gebraten.

Krammetsvögel, gebraten

Rupfe sie rein, ziehe ihnen die Haut am Kopfe ab und schneide den unteren Teil des Schnabels weg. Dann ziehe den Schlund mit der Gurgel heraus, drehe die Füße unter dem Rücken zusammen und stecke den linken Fuß durch die Augenhöhle, so daß der Kopf auf der Seite liegt, senge sie ab, binde dünne Speckschnitten auf die Brüste, nimm sie mit Wacholder und Salz in eine Kasserolle und brate sie in ¼ Stunde mit Butter gar. Sie werden nicht ausgenommen.

Krammetsvögel in Rahmtunke

Reinige 6 Krammetsvögel, senge sie ab und schneide sie in der Mitte durch, nimm die Eingeweide heraus, wirf die Magen weg und hacke das Eingeweide ganz fein. Dann gib in ein Geschirr ¼ Pfund Butter, einige Scheiben rohen Schinken, Zwiebel und Wurzelwerk, das klein gehackte Eingeweide, die Vögel und Salz, decke sie zu und lasse sie gar dämpfen, nimm sie heraus, gib zu dem Fond 2 Kochlöffel voll Mehl und ¾ Liter guten sauren Rahm, lasse dies gut kochen, passiere die Tunke durch ein Sieb und richte sie mit den Vögeln an.

Krammetsvögel auf dem Rost

Nimm eine beliebige Anzahl Krammetsvögel, reinige und senge sie ab, schneide die Füße und den Hals ab, stecke die Schlegelchen ein, schneide sie auf dem Rücken auf, drücke sie aneinander und nimm das Eingeweide heraus, brich den Brustknochen durch, klopfe sie etwas breit, und wiege Petersilie, Schalottenzwiebel und das Eingeweide, ohne den Magen, recht fein. Dünste alles mit ¼ Pfund Butter weich, gib die Krammetsvogel mit etwas Salz hinzu, lasse sie auf dem Feuer zugedeckt langsam ein wenig schwitzen und alsdann die Vögel darin erkalten, nimm sie heraus, wälze sie in Mutschelmehl um, drücke es ein wenig an, backe sie auf einem Rost schön hellbraun, lege sie auf die Platte und gib einen guten Fleischextrakt mit dem Saft einer Zitrone dazu.

Krammetsvögel-Ragout

Die gereinigten und abgesengten Krammetsvögel werden in einer Kasserolle mit Butter, einigen Scheibchen rohem Schinken, Wacholderbeeren, Pfefferkörnern, Salz und Zwiebel auf einem Kohlenfeuer langsam durchgeschwitzt, dann mit 1 Löffel voll guter, brauner Tunke aufgefüllt und ½ Liter Wein nebst der abgeschälten Schale ½ Zitrone dazugegeben. Dann läßt man sie vollends gar kochen. Sofort richtet man die Krammetsvögel an und gibt die Tunke durch ein Sieb darüber.

Also mansche Seite von dem Bischelsche kann isch net ohne Schdirnrunzele un Missbillischung lese. Die aame Vööschel!

Hawwe Se schonn emaa Schnepfe gegesse? Isch net. Odder Krammetsvööschel? Isch hab net emaa gewusst, was des fer Vööschel sinn. Saache se nur, Se wüssde des. Isch hab im DUDE nachgeschlaache: des sinn Wacholderdrossele. Des mescht die Sach aach net besser. Isch vergreif misch jedenfalls net an Wacholderdrossele un annere Piepmätz. Emaa abgesehe von Gäns, Ende un Hiehner. Awwer die schdehe uff em annere Blatt.

Un der diggsde Hund, des is ja de Auerhahn! Jetz waaß mer wenischsdens, warum die Auerhähn im Schwazzwald praggdisch ausgeschdorbe sinn. Da fasst mer sisch fassungslos an de Kopp.

Wenns damals schonn die Paddei von de Griene gegewwe hätt, da wär kaan Auerhahn in de Bratpann geland. Die Griene hawwe halt e Häzz fers Vieh. Wenns nach dene ging, dehde mir allminanner viel wenischer Flaasch un viel mehr Gemies esse. Awwer da heerds bei mir uff.

Curryworscht un Pommes

nach em Rezept von Lars Obendorfer, „Best Worscht in Town", Frankfurt

Zudade fer aa Person:

1 Braadworscht
Chili
Ketschapp
Ingwer
Piment
Kardamon
Puderzugger
Currypulwer
Pommes 14 mm
Mayo
1 Zwiwwel
Bauernbrot

Damit so Werschdscher gut gerade,
wern se erst ma aagebrade,
un zwar schee „kross“, wie mer so säscht,
uff beide Seit. So isses rescht.

Jetz werd die Worscht schee klaa geschnidde.
Dann duhn mer Chili driwwer, bidde.
Die Ketschappmenge, die muss schdimme,
die Worscht derf net in Ketschapp schwimme.

De Curry? Ja, hier kimmt er schon:
Ingwer, Piment, Kardamon,
aach Puderzugger duht mer nei,
Jambalaya-Curry muss so sei.

De Jambalaya muss bedegge
de Ketschapp, dann duhds schmegge.
Jetz komme noch die Pommes draa.
Was fange mer mit dene aa?

Mir halde e Frittöös parat,
frittiern bei hunnertsibbzisch Grad
in ungehädded Flanzefett.
Eel verwende mer hier net.

Wenn die Pommes dann schee knackisch sinn,
duhn mer Mayo, Salz un Ketschapp ninn,
un die Zwiwwel. Dann is Schluss.
So Werschdscher sinn en Hochgenuss!

Kadoffelsupp

**nach em Rezept von Margret Schiela,
Hof Gimbach, Kelkheim**

Was brauche mer?

80 Gramm Budderschmalz
1 Zwiwwelsche, gewörfelt
2 Knoblauchzehe, fei gehaggt
150 Gramm Rauchflaaschwörfel
1 ½ Lidder Rinderkraftbrieh
1 Pund Kadoffele, fei gewörfelt
½ Schdang Lauch, fei gewörfelt
2 Karodde, fei gewörfelt
1 Pedersilljeworzel, fei gewörfelt
¼ klaane Sellerie, fei gewörfelt
2 – 3 Majoranzweische
1 Ring Flaaschworscht
Salz, Peffer, Muskat

Jetz kimmt die Supp.

Die Zwiwwel, de Knoblauch un des Rauchflaasch duhn mer in dem Budderschmalz aarösde. Aaschließend komme die kalt Rinderkraftbrie, de Majoran un die Kadoffelwörfelscher dezu.

Des lasse mer e Verdelschdündsche koche, duhn dann die Gemieswörfel dezu un koche, bis alles gar is.

Die Majoranzweische nemme mer raus un schmegge ab mit Salz un Peffer un Muskat.

Die Flaaschworscht schnibbele mer klaa un duhn se in de Supp miterwääme.

Die Supp hat frieher maa de Frau Schiela ihr Oma gekocht. Un fer die Supp war die Oma beriehmt, weit un breit. Ganz besonners bei dene viele Erntehelfer, wo uff de Ägger vom Gimbacher Hof Kadoffele ausgemacht hawwe.

Wie die Frau Schiela noch e klaa Mädsche war, da hat se mit annere Kinner zusamme die Kadoffelsupp in Kanne naus uff die Ägger gebracht.

Des war e fei Sach, erzählt die Frau Schiela, wenn die Kinner mit dene Landawweider zusamme im Freie zu Middaach gegesse hawwe. Ohne sisch vorher die Händ wäsche zu misse, wie dehaam bei de Mamma!

Himmel un Erd

nach em Rezept von Armin Treusch, Odenwald-Gasthaus „Johanns-Stube“ und GenießerRestaurant „Treuschs Schwanen“, Reichelsheim/Odw.

Wenn aaner noch net waaß, was sisch hinner dem Name verbirscht, dann schdellt er sisch villeischt e sindhaft deuer Delligadess ausem Dreischdernerestorang vor.

Dademit lischt er awwer rischdisch falsch weil, es hannelt sisch im Geschedeil um e ganz eifach Gerischt, was kinnerleischt zu mache is, wo sisch awwer mansche alle zeh Finger denach legge. Isch iwwrischens aach. Mei Fraa diddo.

Wie is mer uff den Name gekomme? Villeischt weesche dene Abbel, wo uff ihrm Baam sozusaache in de Himmel nuffwachse un weesche de Kadoffele, wo drunne in de Ääd ihrer Beschdimmung endgeeschewachse. Könnt sei, gell?

Wenns Ihne rescht is, dann erschaffe mer jetz emaa Himmel un Ääd.

Dadefer brauche mer

600 Gramm Kadoffele, geschält
zägga 0,4 Lidder Milsch
40 Gramm Budder
e bissi Salz un Muskat
400 Gramm Bluudworscht, geräuschert
Budderschmalz
400 Gramm Zwiwwele, in Schdreifscher
500 Gramm Äbbelbrei

So, un jetz fange mer aa.

Die Kadoffele koche mer un schidde se ab. Wenn se gut abgedämbft sinn, duhn mer se dorsch e Press drigge. Die Milsch koche mer uff, riehrn se middem Schneebese unner die Kadoffele un schmegge mit Salz un Muskat ab.

Die Bluudworscht schnibbele mer in Scheibscher, zägga 1 Zendimeder dick, un brade se in erer Pann mit heißem Budderschmalz aa, uff beide Seite.

Dann nemme mer die Scheibscher raus un schdelle se warm.

Jetz schmorn mer die Zwiwwelschdreifscher in de Pann so lang, bis se schee zart gebräunt sinn.

Zum Schluss kimmt de Abbelbrei uff de Deller, de Kadoffelbrei denewer un owwedruff die Bluudworschtscheibscher un die geschmorde Zwiwwele.

Isch saach Ihne aans: Himmel un Ääd is ebbes fer Leut, wo rischdisch Hunger hawwe, des hält Leib un Seel zusamme. Prowwiern ses aus!

Limburger Säcker

nach em Rezept von Jörg Münch,
Münch's Restaurant, Offebach

Die Frankforder duhn sisch ja schwer mit ihrm Nachbar Offebach. Seit em Friedrich Stoltze. Se wisse ja, was der geschriwwe hat.

„Was is des Ofebach fer e Stadt!
Die hawwe's ganz in de Näh gehat
Un hawwe's verbaßt von Aabeginn,
Daß se net aach von Frankfort sin."

Des hawwe die Offebäscher net uff sisch sitze lasse. Schonn gaanet uff kullinarischem Gebiet, wie eim beim „Limburger Säcker" sonneklar werd.

Was in dem Säcker drin is:

150 Gramm Schweinerügge
2 Scheibe Schbeck, dorschwachse
e Hand voll Sauerkraut
1 Ei
1 Teeleffel schaffe Senf
Salz, Peffer, Majoran
Mehl un Paniermehl
Budderschmalz

E Schdigg Schweinerigge schneide mer im Schmedderlingsschnidd[1].

Dann duhn mer des Flaasch schee flach haache un mit Salz un Peffer wörze.

Middem Teeleffel schdreische mer schaffe Senf uff die Inneflässche von dem Schweinerigge un schdreue e bissl Majoran druff. Dann kimmt Schbeck un Sauerkraut driwwer. De Flaaschrand drigge mer fest aa.

Jetz paniern mer mit Mehl, Ei un Paniermehl un bagge des Ganze mit Budderschmalz schee goldgelb aus.

Gut dadezu schmegge Bradkadoffele odder Kadoffelbrei.

Wie mer hier sieht: die Offebäscher brauche sisch hinner de Frankforder net zu verschdeggele. Schon gaanet kullinarisch.

[1] Was is en „Schmedderlingsschnitt?“ Wenn mer e Steak odder e Schniddsel in de Mitt dorschschneit, dann hängt des Flaasch in de Mitt zusamme un sieht uffgeklabbt wie en Schmedderling aus weil, alle zwaa Seide sinn gleisch groß. Abrobo Schmedderlinge. Die wern ja leider immer weenischer. Des hat awwer nix mit Offebach zu duh.

Odenwälder Äbbelwei-Hinkelsche

nach em Rezept von Armin Treusch, Odenwald-Gasthaus „Johanns-Stube" und GenießerRestaurant „Treuschs Schwanen", Reichelsheim/Odw.

Wenn Se die Köstlischkeit emaa im Treusch seiner „Johanns-Stube" in Reichelsheim gegesse hawwe, dann wolle se die beschdimmt aach emaa dehaam bei sisch nachkoche.

In dem Fall bräuschde se

6 Hähnschebrüst odder Hähnschekeule odder aach e Mischung von dene
2 Zwiwwele
300 Gramm Karodde
200 Gramm Sellerie
200 Gramm Lauch
2 Äbbel
2 Essleffel Tomademark
0,6 Lidder Äbbelwei
e bissi Budderschmalz, Salz un Peffer

So, jetz schnibbele mer des Gemies in Wörfel, zägga aan odder zwaa Zendimeder groß. Des Hähnscheflaasch wörze mer un duhns inneme Bräder mit heißem Budderschmalz aabrade. Dann nemme mer des Flaasch ausem Bräder naus, duhn des Gemies enei un brade es, bis es schee braun is. Dadebei muss als kräffdisch umgeriehrt wern. Jetz Tomademark dezu un als weiderriehrn, bis des aach schee gebräunt is. Immer widder maa e bissi Wasser nachgieße un verkoche lasse. Wenn alles braun genuch is, dann duhn mer des Flaasch widder dezu un gieße de Äbbelwei driwwer. Unser Gewörze duhn mer in em Beudelsche odder em Teeei in die Soß enei un gewwe e bissi Salz un Peffer dezu.

De Bräder könne mer zudegge un de Inhalt koche lasse, odder mir schiebenen ohne Deggel in de vorgeheizte Backofe un garn bei 150° C.

Dann gugge mer unser Soß noch emaa kriddisch aa. Isse zu dinn, korrigiern mer eifach mit e bissi in kaldem Wasser aageriehrder Schbeiseschdärke.

Was gut zu unserm Odewälder Äbbelweihinkelsche basst, des sinn

Kadoffelschbatze
Fer die brauche mer
400 Gramm Mehl
4 Eier
Wasser, Salz, Muskat
0,3 Killo Pellkadoffele
Budder

Des Mehl kimmt in e Schissel. Dadezu gewwe mer die Eier, zägga 0,1 Lidder Wasser, die geriwwene Pellkadoffele un die Gewörze. Des Ganze vermenge mer orndlisch in Handawweit, bis de Teisch glatt is un Blase wäfft.

Die Schbatze duhn mer mit em Essleffel in kochend Wasser nei, koche dann noch emaa uff un lasse e paar Minude ziehe. Dann hebe mer se middem Schaumleffel in kalt Wasser. Dadenach duhn mer se in e Sieb un schbüle ab, aach mit kaldem Wasser. Zum Schluss lasse mer se abdrobbe un duhn se in heißer Budder schwenke.

Uff! Da kimmt mer ganz schee ins Schwiddse. Awwer fer Odewälder Äbbelweihinkelscher lass isch Hummer, Ausdern un Kawia glatt links liesche. Un wenn isch widder maa beim Treusch im Odewald mit meiner Fraa esse geh, dann nemm isch des Nibelungelied mit un les die Geschischt vor vom Sieschfried, de Krimhild, dem Lindworm un dem Sieschfried seim Mörder. En eschde Odewaldkrimmi.

Ribbscher mit Kraut

nach em Rezept vom Thomas Metzmacher vom Gasthaus „Zum Lahmen Esel“ in Niederursel

Was wär Frankfort ohne Handkäs mit Mussik, Grie Soß un Ribbscher mit Kraut?

Wie oft is des bei uns dehaam uff de Disch gekomme! Nahrhafde Sache, wo gut schmegge un bei dene mer in de Kisch nix falsch mache kann.

Denkste.

Es gibt Unnerschiede zwische em „Kröver Nacktarsch“ un em „Berncasteler Doctor“. Des wern Ihne erfahrene Schobbepetzer gern beschdädische.

Un genau so gibts bei de Ribbscher mit Kraut Sone un Sone.

Des Ribbsche wodrum es hier geht, es lischt fäddisch gekocht, gepögelt vor uns uffem Tisch. Kalt.

Des duhn mer jetz in erer net zu schdarke un ja net zu salzische klare Brieh l-a-n-g-s-a-m erhitze. Um Goddes Wille net koche! Achzisch Grad is da die rode Lienje. Wenn nehmlisch die Brieh aafängt zu koche, da werd unser Ribbsche schdahhart, schdrohisch un forztrogge. Des derf net sei.

E anner gude Mööschlischkeit is, des Ribbsche zusamme mit dem Sauerkraut zu erhitze. Dadebei werd des Ribbsche im Dibbe uff des Sauerkraut owwedruff geleescht un des Ganze bei geschlossenem Deggel l-a-n-g-s-a-m erhitzt. Bloß net koche lasse! Sonst werd des Ribbsche widder schdaahart un des Sauerkraut brennt Ihne womööschlisch am Dibbebode aa. Des derf net sei.

Wie kriet jetz unser Sauerkraut die hehere Weihe?

Da schwitze mer erst emaa Zwiwwelscher in Budderschmalz aa un lösche mit Äbbelwei ab. Owwedruff kimmt des Sauerkraut, da eninn dann e paar Essleffel Abbelmus, e bissi Salz, e paar Lorbeerblädder in em Gewörzsäggelsche, weiße Pefferkörner un Wacholderbeern.

Die ganz Mussik lässt mer bei geschlossenem Deggel un wenisch Hitz ziehe un duht als widder umriehrn. Net aabrenne lasse! Wenn de Flüssischkeitspeeschel bedrohlisch sinkt, schnell e bissi Äbbelwei nachgieße.

Zum Schluss des Gewörzsäggelsche rausnemme, noch emaa mit Salz un Zugger abschmegge.

So mäscht mer Ribbscher mit Kraut fer Feischmegger. Ausprowwiern!

Kirschemischel

nach em Rezept aus „Frankfurter Küch und Sprüch“ von H. P. Müller

Mir hadde dehaam in unserm Gadde zwaa Sauerkirschebeem. Jetz wo isch des hieschreib bin isch mer gaanet so sischer, dass mir „Kirsche“ gesacht hawwe. Isch glaab dass des Wort mehr nach „Kersche“ geklunge hat. Isch bin sogaa fast sischer, je mehr isch driwwer nachdenk. Egal. Wenn die Kersche reif waan, dann hats bei uns dehaam Kerschemischel gegewwe. Zum Middaachesse. Un wenn Middaachs ebbes iwwrischgebliwwe is, aach aawends. Manschmaa aach am nächsde Daach.

Fer uns vier, Babba, Mamma, mei Schwesder un misch hat mer fer de Mischel folschendes benödischt:

E halb Pund Weißbrot odder finf Breedscher
Drei achdel Lidder Milsch
Hunnert Gramm Budder
E verdel Pund Zugger
Vier Eigelb
E bissi Zimt un geriwwene Zidroneschale
Aa Killo Sauerkersche
Vier Eischnee
Hunnert Gramm gehaggde Mandele.

So schdehds jedenfalls in unserm Familljekochbuch.

Also, jetz wern die Breedscher odder des Brot erst emaa schee in dinne Scheibscher geschnidde un in Budder (zägga dreißisch Gramm) e bissi aagereest. Dann schidd mer Milsch driwwer un lässt orndlisch dorschziehe.

Die Budder wo noch iwwrisch is duht mer mit Zugger, Eigelb, Zimt un dene Zidroneschale schee schaumisch riehrn.

Dann kimmt des Brotzeusch dezu.

Vorher hawwe mer schonn e feuerfest Form eigefeddet un Mandele neigeschdreut.

Aaschließend schlaache mer de Eischnee, des duht dem ja net weh, vermische den mit de endkernde Sauerkersche un hebe des Ganze vorsischdisch unner de Teisch.

Dademit fille mer jetz unser Form un bagge zägga e dreiverdel Schdund bei hunnerdachzisch Grad.

Isch saach Ihne aans: de Kerschemischel hat immer brima geschmeggt. Am Aafang. Awwer nach sechs odder siwwe hinnernanner is de Ruf nach Schniddsel un Koddlett bei uns dehaam immer lauder worn. Mei Mudder hat fer solsche Sidduazzjone immer en scheene Schbruch parat gehabt: Hasde alle Taache Kuche, wersde bald nach Schwazzbrot suche.

Lemp's Hessischer Abbeltraum

nach em Rezept vom Gasthaus „Zum Lemp“ in Frankfurt am Main

Mit de Eva ihrm Fehltritt im Parradies hat die Verführung dorsch Äbbel aagefange. Un seitdem nie widder uffgeheert. E ganz Buch könnt mer fülle mit nix wie kullinarische Äbbelverführunge.

Fer „Esse in Hesse“ greife mer jetz emaa em Lemp sein Hessische Abbeltraum eraus.

Der beschdeht aus erer Crem un erer Füllung.

Fer die Crem brauche mer
12 – 14 Leffelbiskuits
250 Gramm Quaak
250 Gramm Mascarpone
100 Millilidder Äbbelwei
40 Gramm Zugger
1 – 2 Äbbel
Zimt

Fer die Füllung wern beneedischt
100 Millilidder Äbbelwei
100 Gramm Zugger
2 – 3 Leffelbiskuits

Wie mäscht mer die Füllung?

Mer schält die Äbbel un schneid se in Wörfel.
Die Biskuits duht mer zerbrösele.

Äbbelwei un Zugger kocht mer uff un lässt leischt karamellisiern. Dann gibt mer die Abbelwörfel dezu un lässt weider karamellisiern. Jetz gibt mer die Biskuits dezu, duht alles leischt verriehrn un schdellt des Abbel-Biskuitgemisch kalt.

Un wie mäscht mer die Crem?

Mer verriehrt Quaak, Mascarpone, Zugger un Äbbelwei zu erer Crem. Jetz werd e Form mit Leffelbiskuits ausgeleescht. Dadruff dröbbelt mer Äbbelwei (50 Millilidder). Owwedriwwer verdeilt mer e dinn Schicht von de Crem. De Abbelkaramell kimmt als nächsde Schischt druff, dann e Schischt Biskuits un ganz obbe druff e Schischt Crem.

Die Form mit dere ganze Mussik drin schdellt mer drei odder vier Schdunde kalt un duht se vorm Serviern leischt mit Zimt beschdreue.

Schdrenge Andialgoholiger könne schdatt Äbbelwei nadurtrübe Abbelsaft verwende.

Isch selwer persönlisch rat dadevoo ab. Äbbelwei is eine Goddesgabe. Die soll mer genieße un dadefer dankbaa sei. Basta.

Hausgemachde Schoggopudding

nach em Rezept von Andreas Kimmel, Homburger Hof in Frankfurt

Ach, Schoggoladepudding, Erinnerunge an mei Kindheit, lang, lang isses her, da musst mer noch net uff de Zugger uffbasse weesche Diabedes un Iwwergewischt.

In de Dreissischer un Väzzischer Jahn vom vorische Jahunnert war des mit Zugger un Diabedes ja gaa-kaa Broblem weil, es hat fast kaa Schoggolad un nur e ganz klaa bissi Zugger gegewwe. Uff Lewensmiddelkadde. Die Zeide sinn vorbei. Goddseidank.

Jetz könne mer in aller Ruh sindische un uff de Diabedes un des Iwwergewischt zwischedorsch ruisch emaa peife.

Was brauche mer fer unsern Pudding?

400 Millilidder Milsch
80 Gramm Schoggolad, zaadbidder
30 Gramm Zugger
2 Eigelb
30 Gramm Schdärke
200 Millilidder Sahne

© Mara Zemgaliete - Fotolia.com

Un wie gehn mer vor?

350 Millilidder Milsch un Schoggolad duhn mer im Dibbe zum Schmelze bringe. Eigelb iwwer Wasser uffschlaache, dadezu Zugger. Fuffzisch Millilidder Milsch riehrn mer mit de Schdärke aa. Die duhn mer dann in die Schoggolad enei un koche aamaa korz uff.

Des Dibbe nemme mer dann vom Herd un riehrn des Eigelb drunner. Die flüssisch Sahne gewwe mer zum Schluss dezu un duhn schee verriehrn. Geschafft!

Serviern kann mer des mit Vanillesoß. Des schmeggt garrandiert.

Es lewe der Schoggoladepudding!

Frankforder Kranz

nach em Rezept von Regina Graff, Confiserie Graff, Rödelheim

Was gibt's net alles fer Kränz! De Boxschämpion kriet en Siescherkranz, wenner den annern KO gehaache hat, die Kaddoligge bete ihrn Rosekranz, frieher hats emaa en sogenannde Jungfernkranz gegewwe, irschendwann krieje mer villeischt e paar Kränz uff unser leddsde Ruheschdädde ...

So viele Kränz.

De schönnsde Kranz wo isch kenn, des is awwer de Frankforder Kranz.

Gebraucht wern fer de Kranz

225 Gramm Vollei
75 Gramm Eigelb
225 Gramm Zugger (da misse die Diabedigger halt emaa ihr Aache zupeddse)
Salz, Vanille, Zidrone

So, des werd jetz allminanner iwwer em Wasserbad erst emaa waam un dann kalt uffgeschlaache.

Dann wern
150 Gramm Mehl un
190 Gramm Weizestärke drunnergemischt.

Aaschließend lässt mer

250 Gramm heiß Budder in em dinne Schdrahl eilaafe un mit dem annern Zeusch vermische.

Die Backform duht mer buddern un e bissi Mehl druffschdreue. Aaschließend bagge mer zägga e halb Schdund bei zägga 200° C.

Jetz is die Franzeesisch Buddercrem draa:

300 Gramm Vollei
200 Gramm Zugger
1 Vanilleschote, wodraus des Mark rausgekrazzt is

Die drei Sache wern jetz waam un kalt uffgeschlaache, so wies weider obbe fer de Kranz beschriwwe is. Dadezu komme dann

500 Gramm Budder, schee waasch,

un widder werd uffgeschlaache.

Am Schluss schmegge mer mit Rum ab.

Des Abschmegge derf net in e Besäufnis ausaade, die Awweit geht nehmlisch noch weider, un zwar middem

Mandelkrokant

500 Gramm Schdaubzugger
Den schmelze mer in erer Pann odder in em Kupferkessel zu erem scheene helle Karamell.

25 Gramm Budder gewwe mer dezu.

250 Gramm Mandele, gehowelt, riehrn mer drunner.

Den Krokant lasse mer uff em leischt geölde Blesch auskiehle un duhn en zergleinern, endweder middem Weljerholz odder in erer Kischemaschin.

Unsern Frankforder Kranz schneide mer dreimaa waacherescht uff. Des gibt vier Scheibe.

Uff die unnersde Scheib dressiern mer middem Schbrizzbeudel zwaa gleischmeesische Ring Buddercrem. In die Mitt fille mer Johannisbeerkonfitür. Dann setze mer de nächsde Boddem druff un mache weider wie vorher.

Mir duhn unsern Kranz mit Buddercrem eischdreische un mit Krokant beschdreue.

Des ganze Meisderwägg deile mer in väzzeh Schdigger. Jed Schdick garniern mer middere Rosett aus Buddercrem un erer Kirsch owwedruff. Fäddisch.

Frankforder Bethmännscher

nach em Rezept von Patrick Amendt,
Konditorei Patrick Amendt, Frankfurt am Main

Die Bethmännscher geheern zu Frankfort wie de Dom, de Reemer un des Geedehaus. Sie sinn en eschde Gaumekiddsel un so beriehmt, dass mer saache könnt: sie sinn „in aller Munde".

Was brauche mer?

Marzipanrohmasse
Des Wort „Masse" is net wördlisch zu nemme. Die Menge hängt dadevoo ab, ob die Bethmännscher beischbielsweis fer en Singelhaushalt oder awwer e weidläufische Päddschwörkfamillje mit zisch Verwande drumerum gedacht sinn.

Rosewasser
E paa Dröbbsche könne genüüsche. Aans is sischer: Mer soll des Rosewasser schonn riesche könne, awwer bidde net die ganz Kisch in en Paffönglade verwannele!

Wie gehn mer vor?

Mir duhn des Marzipan un des Rosewasser orndlisch vermische un mache dann dadraus klaane Schdiggscher, zägga zeh Gramm pro Schdick. Die rolle mer zu klaane Kuuchele aus. An jed Kuuchel drigge mer an de Seit drei halbierde Mandele aa. Die abgezogene Mandele bidde vorher aa Schdund lang in Wasser eiweische.

Die Kuuchele lasse mer iwwer Nacht troggne. Morschens komme se in de Backofe un wern, wie en Kondidder säscht, „abgeflämmt“, mit annere Worde bei 180° Owwerhitz gebagge. Dann sinn se schee goldbraun owwedruff, so ähnlisch wie mir nach zwaa Woche Majorga in de Sommerferje. Nachem

Backe, wenn die Kuuchele noch waam sinn, wern se mit Gummi arabicum bedupft. So eifach is des.

Um die beriehmde Frankforder Bethmännscher ranke sisch ja zisch verschiedene Geschischdscher. Ob mer die all glauwe soll, dadriwwer will isch mer kaa Urdeil erlaube. Sie heern sisch awwer all gut aa.

Erfunne worn solle se sei von em Franzos. De Musjöh Gautenier is de Kischechef vom Frankforder Bankjeh Simon Moritz von Bethmann gewese. Irschendwann vor zwaahunnert Jahn odder da erum. Der Herr von Bethmann muss ja ganz schee in Geld geschwomme sei, dasser en eischne Kischechef gehabt hat. Awwer des is ja gaanix, verglische mit heudlsche Bänker un dene ihre Boni.

Jedenfalls hat de reische Herr von Bethmann vier Söhn gehabt. Desweesche soll sein Leibkoch damals VIER Mandele uff die Bethmännscher geschdeggt hawwe. Dann hat allerdings aaner von dene vier des Zeidlische geseeschent. Un seit de Zeit sinn nur noch DREI Mandele uff dene Bläddsjer druff.

Mir gefällt die Geschischt. Ihne aach?

Krebbelverkäufer unner sisch

De Willi un de Heiner sinn Azubis beim Bägger Krimmel. Im Kalenner schdeht „Aschermittwoch". In de Bäggerei sinn noch en Haufe Krebbel iwwrisch gebliwwe.

De Chef schiggt die zwaa los mit zwaa Körb voll Krebbel. Die solle se am Sachsehäuser Maaufer verkaafe. Fer fuffzisch Cent pro Krebbel.

Am Maaufer is nix los. Außer Luftschlange un Nilgäns nix, so weit mer gugge kann. Seit zwaa Schdund hogge die zwaa uff erer Bank un gugge Löscher in die Luft. Allmehlisch krieje se Kohldampf.

Uff aamaa holt de Heiner en Fuffzischer aus seim Portmonnee un säscht zum Willi: „Du könnst mer maa en Krebbel verkaafe, mir hängt de Maache nunner bis uff die Schdrimp". De Willi mäscht des. Dann guggt er den Fuffzischer aa un säscht zum Heiner: „Hier hasde en Fuffzischer, isch hätt aach gern en Krebbel."

De Bägger Krimmel soll zimmlisch dumm geguggt hawwe, wie die zwaa mit leere Körb un aam Fuffzischer zurigggekomme sinn.

Helau

Krebbel zu Fassenacht

nach em Rezept aus „Frankfurter Küch und Sprüch" von H. P. Müller

Is Hefeteisch schee uffgegange,
dann knete mer e Roll, e lange,
uff erem mehlbeschdreude Brett
(es bissi Mehl, mehr brauch mer net).

Jetz schneid die Roll mer schee in Schdigge
un kneeded Krebbel, dinne, digge,
korze, lange, nach Beliebe.
Die duht mer uff e Backblesch schiebe.

Uff diesem Blesch, basst uff, ihr Leut,
habt ihr e bissi Mehl verschdreut.
Des schiebt ihr in de Ofe nei
un schdellt uff väzzisch Grad en ei.

Zeh Minude duhn schon lange,
dann sinn die Krebbel uffgegange.
Jetz schdellt mer die Frittöse ei,
des Fett da drin muss SEHR heiß sei.

Heiß musses bleiwe, unser Fett,
sonst klabbt des mit de Krebbel net!
Die bleiwe jetz so lang da drin,
bis se gebräunt un knusbrisch sinn.

Middem Leffel holt mer se eraus
un leescht se uff em Rost schee aus.

Fer solsche Krebbel gibt's Abblaus!
Helau!

Fer Schdigger 20 Krebbel braucht mer:
E Pund Mehl
Väzzisch Gramm Hef
Fuffzisch Gramm Zugger
En halwe Lidder Milsch
Zwaa Essleffel Eel
Fuffzisch Gramm Budder
Zwaa Eigelb
Zwaa Essleffel Rum (muss net sei, schadd awwer nix)

Ebbes Hochbrozzendisches fer Dibbegugger

Mei Vadder, mei Mudder, die Omma Katharina un de Obba Emil hawwe allminanner Frankforderisch geschwätzt, so wie die Babbett un isch selwer persönlisch. Desweesche misst des, wodevoo isch jetz redd, eischendlisch „Rumdibbe" heiße. Es heißt awwer in unserm altehrwirdische Familljekochbuch „Rumtopf". Des Buch hat viele hunnert Seite, die meiste handschriftlisch. Dadraa hawwe ganze Gennerazzjone von unserne weidläufische Familljе geschriwwe. Also lass ischs offizjell beim „Rumtopf", eifach aus Piedät. Inoffizzjell kann isch ja ruisch Rumdibbe saache, des geht mer leischder iwwer die Zung.

Mit dem Rumdibbe bin isch uffgewachse. Mir hadde net weit vom Maa en rischdisch große Gadde mit zisch Obstbeem, Äbbel, Berne, Kersche, Kweddsche, dadezu en Haufe Hegge un Schdräuscher mit Himbeern, Schdachelbeern. Brombeern, schwazze un rode Johannisbeern un was waaß isch. Nadierlisch aach en Haufe Gemies, aach en Hiehnerschdall un en Haseschdall, awwer die hawwe ja zu dem Rumdibbe nix beigedraache.

Von dem ganze Seesche de Nadur sollt ja nix umkomme, die Zeide waan net gut in de dreissischer Jahn vom letzte Jahunnert, bald hats widder maa Kriesch gegewwe. Da is Schellee gekocht, Gemies eigemacht, Sauerkraut eigeschdambft worn un des Rumdibbe gefillt.

Wie mer des mäscht, des erfahn se jetz aus unserm Familljekochbuch.

Da is die Redd von erem „Steintopf." Der soll nur grade Wänd hawwe. Demnach kimmt en Äbbelweibembel net in Fraach.

In des Dibbe sollde 5 – 6 Lidder eneigehe. Fer die Füllung eischne sisch braggdisch sämdlische Früschde der Säsong. Wasser ins Dibbe neischidde, des derf mer net. Was neigeheert is Rum, eschde Rum, kaan Verschnitt.

Des Dibbe geheert kiehl un dungel uffgeschdellt un derf net als rumgeriggt wern.

Wenn se jetz e Pund Früschde zusammehawwe, dann gewwe se eifach e halb Pund Zugger dezu.

Dann kimmt de Rum! De muss en fingerbreit owwedriwwer iwwer dene Früschde schdeh, sonst werds nix. Desweesche muss mer alle väzzeh Daach de

Rumschbieschel kondrolliern. Am besde schreibt mer sisch des in eim sein Kalenner enei. Owwedruff uffs Dibbe geheert e Häubsche aus Cellofan.

Mit was fange mer aa bei dere Fillung? Wahscheinlisch mit Ädbään. Dann komme Kersche. Die duhn mer net endkerne. Wenn die Abbrikose reif sinn: Haut abziehe, endkerne, vierdeile un nei ins Dibbe. Firsische dido. So geht des als weider bis in de Okdober enei, villeischt mit de letzte Berne. Die muss mer iwwrischens erst scheele un des Kerngehäus rausschneide.

Nie de Zugger vergesse! Uff aa Pund Obst geheert e halb Pund Zugger un e halb Flasch Rum. Den Dibbeinhalt muss mer als emaa e bissi umriern.

Im November schitt mer noch aamaa orndlisch Rum nach, damit am erste Advent aagezabbt wern kann.

Noch aans, ganz unner uns. Isch hab schonn im zaadesde Kindesalder als emaa aus dem Rumdibbe in unserm Keller genascht. Dadevoo hawwe Babba un Mamma nix gemäggt. Offesischdlisch hat des Nasche bei mir nie zu ufffellische Gleischgewischdsschdörunge odder Schbrachschwierischkeide geführt. Dass isch aach heut noch einisches

verdraache kann hengt villeischt mit so friehkindlische Prääschunge zusamme: Frie iebt sisch, was en Meister wern will.

Der Autor

Hans Wolfgang Wolff, geb. 1926 in Frankfurt am Main, studierte Anglistik, Romanistik und Philosophie in Frankfurt und Grenoble. Er leitete den Sprachendienst und die Fremdsprachenfortbildung einer Weltfirma, schreibt im Ruhestand Geschichten und Gedichte, gerne auch in hessischer Mundart. Im Societäts-Verlag sind zuletzt von ihm erschienen: „Herzhaft Hessisch", „Mir rüsdische Sennjorn" und „Sondaachs im Zoo".